ボール運動の運動感覚指導

三木四郎・灘 英世 編著

明和出版

はじめに

　本書は，2010 年に第 23 回日本スポーツ運動学会の神戸大会が神戸親和女子大学で開催された当時の準備委員会のメンバーを中心に，金子明友先生の発生論的運動学の運動感覚理論からボール運動の指導の考え方とその実践についてまとめたものである。

　当時，メンバーから大学の体育授業でボールを投げたり，受けたりすることの苦手な学生のいることが話題になった。その原因として近年の子どもの遊びが TV ゲームなどで変質していること，少子化が進み集団でのボール遊びをする子どもが減少していること，公園や空き地でのボール遊びの禁止によって遊び場がなくなっていることなどが影響して，幼少期で身につけるボール操作の技能が十分に発達していないことが挙げられた。子どもの中には地域のスポーツクラブに参加することで低学年からボール操作においてレベルの高い子どもがいる。その一方，基礎的なボール操作が上手くできず，生まれつき運動神経が鈍いためとボール運動を楽しむことを諦めている子どももいる。そのような子どもは運動神経が鈍いわけではなく，投げかたや受けかた，情況に対応した動きかたがわからないままボールゲームに参加していることから，どのような動きの感じがわからないのか，子どもの運動感覚に視点を当てた指導の必要性に私達は共通認識をもった。

　幼少期からのボール遊びは，子どものボール操作やボールゲームを楽しむための能力に極めて重要な契機を提供している。この時期にはいろいろと楽しいボール遊びやボール運動が用意されるが，そこでのボールを投げたり，蹴ったり，打ったり，受けたりする動感化現象（私はそのように動くことができるという出来事）の発生と充実に気づく大人や指導者はあまり多くなく，むしろ身体的発達や体力的な効果のみに関心が集まりやすくなる。子どもがどのようにボールを投げようとして，どのように受けようとしたのかという内在経験からの運動感覚に対する分析はまったく問題にされず，ボール遊びは単に経験だけで終わってしまい，後は本人の自得に任されるのが一般的である。そのため環境や運動経験に恵まれた子どもは，ボール操作の技能を身につけるが，そうでない子どもは運動神経が鈍いという理由で体力測定の数値から体力づくりのプログラムが処方される。

　ボール運動には，多くの種目があり，種目の特性に基づくルールとボール操作技能が求められる。ボール運動を楽しむためには，情況に応じた判断とそれに応じたボール操作，すなわち，私を取りまく情況に応じてどのような動きかたをするのかを考え，判断するカン身体知とそのような動きかたができるというコツ身体知が表裏一体となって身につける必要がある。このようなコツとカンの身体知を身につけることは，ボール運動の苦手な子にはとても難しいことになるが，体力を問題にしても「そのように動ける」という運動感覚の能力を育てることはできない。

　運動指導の運動理論には，二つの異なる基礎理論の運動学がある。ひとつは，自然科学

をベースに置く科学的運動理論である。この運動理論では，人間の身体を対象身体として，外側から観察したり，計測したりすることで数量的にも精密な測定が可能になり，それによって身体運動のメカニズムを解明することで指導方法を導き出そうとする。

もうひとつの運動理論は，運動現象学をベースにした発生論的運動学である。この運動学は，人間の運動を現象身体として〈今ここ〉に生きられた〈私の運動〉と認識することで，運動主体の身体にありありと感じとれる内在経験の地平分析を起点に運動を理論化するものである。〈私の運動〉とは，私の身体で動きの感じをありありと感じられる運動感覚（動感）運動のことで，運動感覚はフッサールのキネステーゼを意味して，「私はそのように動くことができる」という動きかたを「覚える－教える」の指導理論の中核的な概念になる。

本書は，ボール運動で必要なボール操作技能を身につけるために，第1部では発生運動学の視点から運動感覚（動感）指導に関しての理論的な考え方を論じている。特に，ボール運動の動感身体知については，金子明友先生の「技の伝承」「身体知の形成（上下）」「身体知の構造」「運動感覚の深層」から動感能力の概略を示すとともに，具体的な例示によって解説している。この例示は，研究会のメンバーで検討された内容をまとめたものである。第2部では，はじめに「投げる」の動感構造，動感能力，習練目標，動感指導の実際について研究会のメンバー全員で検討することで共通の認識をもった。「蹴る」「打つ」「受ける」については，分担メンバーによってまとめたものである。特に，動感指導の実際については，動感素材の内容と動感指導のポイントを現場の実践に基づいて書いている。第3部では，元ラグビーワールドカップ日本代表の平尾剛先生に選手時代の経験を基にパスプレイを現象学的に分析した論文を載せている。

ボール運動で大切なコツやカンは，多くの実践現場で日常的に指導の対象になっているが，指導者がこの本を通して，改めてコツとは，カンとは何かを問いかけるきっかけになることと，コツやカンを具体的な動感能力として認識し，それを指導に生かすことで子どもたちがもっと楽しめるボール運動になることを願っている。

この研究会は，関西大学の灘英世先生と大阪大谷大学の宮内一三先生を発起人に月一回のペースで開催され，担当分野の原稿を検討し，確認してきたものである。そのため分担執筆の各項では共著という形式をとっている。なお，研究会の事務方として神戸親和女子大学の宮辻和貴先生が連絡および原稿のとりまとめをしたことを記しておく。

最後に，発生論的運動学の解釈を親身にご教授とアドバイスをいただいた金子明友先生と本書の出版にご支援と適切な校正によって本書が発刊できた明和出版の和田義智氏に深く敬意の意を表したい。

2017年12月

著者代表 三木 四郎

ボール運動と運動感覚指導／目次

第1部 ボール運動と運動感覚指導—1

I ボール運動の指導 —————————————————— 2
II 運動感覚指導の考え方 ————————————————— 4
III ボール運動の基本的運動形態の体系化 ———————————— 6
　1「投げる」「蹴る」「打つ」の基本形態の体系化……………… 6
　　(1)「投げる」形態…………8
　　(2)「蹴る」形態…………9
　　(3)「打つ」形態…………9
　2「受ける」(捕る)の基本形態の体系化 …………………… 10
IV ボール運動の学習と動感身体知 ——————————————— 11
V ボール運動の〈今ここ〉を感じる始原身体知 ————————————— 14
VI ボール運動の動感能力とは ————————————————— 17
　　(1) ボール運動に求められるコツとカンについて…………17
　　(2) コツとは何か…………18
　　(3) カンとは何か…………19
VII ボール運動で動感身体知を高める指導 ————————————— 20
VIII ボール運動の運動学習と動感形成位相 ————————————— 22
　　(1) やってみたいと思う原志向位相…………23
　　(2) できそうな気がする探索位相…………24
　　(3) はじめてできる偶発位相…………24
　　(4) いつでもできる形態化位相…………25
　　(5) 思うようにできる自在位相…………25
IX ボール運動の覚える動感創発身体知 ————————————— 26
　1〈今ここ〉を感じる始原身体知……………………………… 27
　2 動きかたのかたちをつくる形態化身体知 ………………… 34
　3 動きのかたちを仕上げる洗練化身体知 …………………… 43
X ボール運動の教える動感促発身体知 ————————————— 48
　1 動きの感じのわかる素材づくりの素材化身体知 ………… 49
　2 動きかたを処方できる処方化身体知 ……………………… 51

第2部　ボール運動の動感指導と実践——53

Ⅰ 「投げる」——54

1 「投げる」の動感構造 …………………………………………………… 54

2 「投げる」の動感能力 …………………………………………………… 55

3 習練目標としての「投げる」 …………………………………………… 56

4 基本的な「投げる」の動感指導の実際 ………………………………… 58

　　(1) オーバースローの動感指導…………58

　　　❶基本的なオーバースロー /59

　　　❷遠くに投げる /62

　　　❸思ったところに投げる /63

　　(2) 両手投げの動感指導…………64

　　　❶チェストパス /64

　　　❷スローイン /65

　　(3) 「投げる」の動感指導と動感素材…………65

　　　❶両手投げ /65

　　　❷片手投げ /67

　　　❸壁当てボール投げ /69

　　(4) 「投げる」のカン身体知と動感素材…………71

　　　❶たてながドッチボール /72

　　　❷変形ドッチボール /72

Ⅱ 「蹴る」——74

1 「蹴る」の動感構造 ……………………………………………………… 74

2 「蹴る」の動感能力 ……………………………………………………… 76

3 習練目標としての「蹴る」 ……………………………………………… 78

4 基本的な「蹴る」の動感指導の実際 …………………………………… 80

　　(1) 足でのボールを操作する動感指導…………80

　　(2) ボールタッチの動感指導と動感素材…………80

　　　❶2人ボールタッチ /80

　　(3) ドリブルの動感指導と動感素材…………81

　　　❶ドリブル練習 – その1/82

　　　❷ドリブル練習 – その2/83

　　　❸ドリブル練習 – その3/84

　　　❹ドリブル競争 /85

　　(4) パスの動感指導と動感素材…………85

　　　❶インサイドキック /86

　　　❷2人組での対面パス /86

❸コーンスルーパス /88

❹股抜きパスゲーム /88

❺いろいろな的当てパス /89

❻三角パス /90

(5)「蹴る」のカン身体知と動感素材……………91

❶ボールタッチでのカン身体知と動感素材 /91

❷ドリブルでのカン身体知と動感素材 /91

❸パスでのカン身体知の発生と動感素材 /93

Ⅲ 「打つ」─────────94

1 「打つ」の動感構造………………………………………………………… 94

2 「打つ」の動感能力………………………………………………………… 95

3 習練目標としての「打つ」………………………………………………… 97

4 基本的な「打つ」の動感指導の実際……………………………………… 99

(1) ボールを「打つ」の動感指導…………99

(2) ボールに「当てる」「はじく」の動感指導と動感素材…………100

❶1人風船トス /100

❷ボールをバントやボレーなどで「当てる」「弾く」/100

❸ハーフスイングでボールに「合わせる」「当てる」「弾き返す」/101

❹止まっているボールを「打つ」/103

(3) 飛んでくるボールを「打つ」動感指導と動感素材…………103

❶2人風船パス /103

❷ワンバウンドのボールを「打つ」/104

❸ゆっくり投げられたボールを「打つ」/105

(4) 強さや方向をねらって「打つ」動感指導と動感素材…………106

❶飛距離を目標に「打つ」/106

❷的当てを目標に「打つ」/107

❸相手とラリーを継続したり，駆け引きしたりして「打つ」/107

(5)「打つ」のカン身体知と動感素材…………108

❶バレーボールの「打つ」につながる動感素材 /108

❷テニス・バドミントン・卓球につながる動感素材 /110

❸野球につながる「打つ」動感素材 /111

Ⅳ 「受ける」─────────113

1 「受ける」の動感構造……………………………………………………… 113

2 「受ける」の動感能力……………………………………………………… 114

3 習練目標としての「受ける」……………………………………………… 116

4 基本的な「受ける」の動感指導の実際…………………………………… 118

(1) ボールキャッチの動感指導と動感素材…………118

❶両手キャッチ /118

　　❷前後に移動キャッチ /119

　　❸回転キャッチ /119

　　❹背面トスから前面キャッチ /120

　（2）転がる（投げる）ボールのキャッチの動感指導と動感素材…………121

　　❶ボールをキャッチするタイミングを知る /121

　　❷ボディタッチキャッチ /122

　（3）いろいろな「キャッチ」の動感指導と動感素材…………125

　　❶ボールストップキャッチ /125

　　❷手と足でのパスとキャッチ /125

　　❸トンネルスルーキャッチ /126

　（4）「キャッチ」のカン身体知と動感素材…………127

　　❶壁当てキャッチ /127

　　❷ランダムキャッチ /127

　　❸コールキャッチ /128

第3部　寄稿論文　ラグビーのパスプレイを考える
　　　　　―話しかける，その声を聞く― ―――――――― 131

第1部

ボール運動と運動感覚指導

I　ボール運動の指導

　ボール運動は，体育の授業のなかでも最も子どもたちに人気のある教材の一つである。子どもたちはボールを投げたり，受けたり，蹴ったりしながら相手チームと攻防の中で得点を競い合うところに楽しさを感じている。特に，得点が入る瞬間はチームとして最も盛り上がりをみせ，チームが一体感を感じる場面でもある。教師は相手チームとの得点を競い合いながらのゲームに夢中になっている子どもの姿を見ると，どうしてもゲームを中心に授業を進めることが多くなってしまう。また子どもがゲームを楽しんでいるという理由から子ども任せにしたゲーム中心の授業になってしまうことも少なくない。

　学習指導要領では，ボール運動は「ゴール型」，「ネット型」，「ベースボール型」で内容を構成し，その特性を「ルールや作戦を工夫して，集団対集団の攻防によって競争することに楽しさや喜びを味わうことのできる運動である」と位置づけている。ボール運動の学習指導について「互いに協力し，役割を分担して練習を行い，型に応じた技能を身につけてゲームをしたり，ルールや学習の場を工夫したりすることが学習の中心になる。また，ルールやマナーを守り，仲間とゲームの楽しさや喜びを共有することができるようにすることが大切である」としている。

　ゴール型は，「コート内で攻防が入り交じり，手足などを使って攻防を組み立て，一定時間内に得点を競い合う」ことになる。ネット型は，「ネットで区切られたコートの中で攻防を組み立て，一定の得点に素早く達することを競い合う」ことになる。ベースボール型は，「攻防を規則的に交代し合い，一定の回数内で得点を競い合う」ことを課題にするゲームとなる。

　なお，技能に関しては，「ボール操作」および「ボールを持たないときの動き」で構成している。「ボール操作」は，ゴール型ではシュート・パス・キープ，ネット型ではサービス・パス・返球，「ベースボール型」では打球・捕球・送球など，攻防のためにボールを操作する技能を高めることになる。「ボールを持たないときの動き」では，空いている空間やボールの落下点，目標とする区域や塁などに走り込む，味方をサポートするために相手のプレイヤーをマークするなど，ボール操作に至るための動きや守備に関わる動きに関する技能である。

　これまでのボール運動の学習指導では，ゲームを楽しむために求められる技能，たとえば，バスケットボールでは，ドリブルやパス，シュートの技能をまず身につけることをねらいに授業が進められ，ボール操作の技能が身についたところでゲームを楽しむという指導計画が立てられることになる。しかし，今日の学習指導要領では，互いに協力して，役

割を分担して練習を行い，型に応じた技能を身につけてゲームをしたり，ゲームが楽しくなるようにルールや学習の場を工夫したりすることを学習のねらいに授業が進められる。そこでの教師の指導は，技能面の指導よりも互いに協力し合って練習すること，規則を工夫することによって作戦を立てたりすること，子どもの技能差などを考慮して一方的なゲームにならないようにチーム編成のバランスを考えたり，対戦相手を提示したりすることなどボール運動のゲームマネージメント的な指導に重点が置かれていく。

　しかし，子どものボール運動でのゲームの様相を見ると，作戦を立てて互いに協力し合って攻防を楽しもうとしてはいるが，ゲームの中での情況の変化が読みとれなかったり，味方や相手の動きを先読みができずにどこにパスをしてよいかわからないままボールを長く持ちすぎたり，味方にどのようなパスをしてよいかわからず，パスをしてもうまくパスが届かなかったり，タイミングが遅れたりすることがある。また，味方からボールがパスされてもうまくキャッチができずにボールを落としたり，コートの外にボールを出したりしてゲームの流れが途切れてしまうなど技能的な未熟さが見られる。頭では理解しているのだが，なかなか作戦通りにパスやキャッチができずゲームの中で思うように動けない子どもを見かける。

　また，ボールゲームの中でボールに触れる回数が極端に少ない子どもがいる。その子どもは，味方や敵のパスに対して比較的近いところにいてもパスを受けることや，敵のパスを妨害することなどもせず積極的にゲームに参加しようとしない。たとえボールをキャッチしても周囲との情況とは関係なく，近くの味方に急いでボールを渡し，その後も積極的にはパスワークの中に入ろうとしないが，得点が入るとみんなと一緒に喜びや一体感を感じ，外から見るとこのような子どももボール運動を楽しんでいるように見える。

　ボール運動では，やさしいゲームから始め，ルールやコートを工夫すること，練習や作戦の立て方などを協力し合って行うための学習行動の仕方についてのマネージメント的な指導が中心に行われる。そこではボール操作のために必要な技能はゲームの中で身につくものと考え，パスやキャッチの技能を身につけるために，〈動きかた〉の感じがわかる運動感覚の発生を促す指導はあまり時間をかけて行われない。たしかにボール運動は生涯スポーツの一環として仲間との協調性やフェアープレイの大切さなどボール運動による人間形成のための教育は不可欠な学習になる。しかし，その学習とボール操作をする動きかたや情況を判断してどのように動くかといった運動感覚能力を身につける学習とでは，学習する内容が異なるため区別して指導する必要がある。この二つの学習内容がスポーツを楽しむときに統合されることでより楽しみが深まり発展することで大きな達成感を味わうことができるようになる。

　ここでは，ボール運動を楽しむためにどのような運動感覚能力を育てる必要があるのかを明らかにするために，発生論的運動学の観点から運動感覚の指導について考えてみることにしよう。

II　運動感覚指導の考え方

　ここでの運動感覚とは，フッサールの言うキネステーゼを意味しており[1]，動感とも言い換えることができることから，運動感覚能力を動感能力とする。動感能力とは，〈今ここ〉に息づいて，流れくる未来の今（未来予持）を"動きつつ感じ"，たった今の感じ（過去把持）を"感じつつ動く"なかで「私はそのように動くことができる」という"動ける身体"の能力のことを表している。

　運動学習は，学校体育でも，競技スポーツでも，動きかたを身につけるための繰り返しによる習練の結果として何かができるようになり，何かを達成することが直接の目標になる。そこではすでにできている基礎的な動感形態に新しい高次の力動的な動きかたを〈身体化〉，つまり身につけることもあれば，チームの仲間との連携プレイの中で，ある動きかたのなかに「いつ，誰に，どのようなパスをするか」といった新しい意味構造をもった動きかたを身につけることになる[2]。特に体育授業では，運動学習としてパスやドリブル，シュートなどの新しい動きかたを児童生徒に発生，充実させることを目標に，攻撃なのか，防御なのか，味方や相手が位置を変化するなかで情況に応じた動きかたを身につけることができるように学習が進められる。

　ここでの〈動感形態〉という表現は，固定された鋳型的な事物の形態を意味するのではない。わが身で〈今ここ〉に一回一回の時間的な流れのなかで身体をどのような感じで動かすかといった動感運動として，ある動きかたを身体で実際に動いてみることで意味ある〈動きかた〉のかたち（形態）がそこに発生してくる。この意味ある〈動きかた〉は，動く感じの発生という〈流れくる未来の今〉の予感と〈たった今の感じ〉の直感という時間化能力が働き，それは発生した瞬間に消滅していくことから，〈動きかた〉は，〈動感形態〉の発生する様相変動の過程を示す意味で使うことになる。体育の運動学習は，意味ある〈動きかた〉の意味発生をねらいに動きかたを覚える学習といえる。

　動きかたを覚える学習というのは，ある一つのメロディーをもった動きのゲシュタルト（動感形態）を身につけることであり，個々の部分的動きを覚えてからその後でつなぎ合わせモザイクのように組み立て合成して，全体的な動感メロディーをもつ動きかたにまとめていくことはできない。それらははじめから動感メロディーとして一気に身につけていくことになり，全体としてまとまった運動感覚の図式が一気に発生することになる。このような分割できない運動メロディーをもった統一的な運動感覚図式をシュトラウスは〈動

---

1) 金子明友：『身体知の形成（上）』24頁　明和出版，2005
2) 金子明友：『わざの伝承』85頁，明和出版，2002

きかた〉と表している[3]。この動きかたは，あくまでも「私が動く」という，〈今ここ〉の現象学的運動認識に基づいて理解することになる。

　ボール運動は，得点することを目指して味方と敵の攻防により刻々と変化する情況のなかでゲームが繰り広げられていく。ボールを保持している者は，どのようなパスやドリブル，シュートなど得点に繋がるためのボール操作を情況に応じて選択して動くことのできる能力が求められる。また，ボールを保持しない者は，ゲームの流れのなかで敵味方の攻防の情況を読みとり，次の情況がどのように変化するのかをこれまでの経験から類似的な情況に転化して把握できるシンボル化能力によって，どの場所に移動してパスをもらえばよいのかなど，情況の変化を先読みしながらどのように動くべきかを判断し，それに応じて動くことのできるコツとカンの身体知が求められる。

　コツとカンの身体知とは「そのような情況のなかで私はそのように動くことができる」という動感能力である。ボールゲームの苦手な子どもは，パスやシュートなどの「私の動きかた」としてのコツや敵や味方の動きを先読みして「情況に応じた動きかた」のカンなどがあまりよくわからないままゲームに参加していることが多い。そこには，ボール操作に対するコツ身体知の空虚さから失敗するのではないかと不安になり，ボールを避けるように動いたり，友達の後を追いかけるように何となく動いたりしている。

　特にボール運動では，種目特有のルールによってボール操作能力が求められる。その能力はボール操作の仕方やポイントを図解や示範，ＩＴ機器などで視覚的にわかりやすく説明して指導されるが，子どもはそれを頭で理解したとしてもどんな感じで動くのかわからないまま自分で身につける自得に委ねられてしまう。問題は，どんな感じで身体を動かせばよいかといった動感能力についての指導が行われないことである。この動感能力は具体的な動きかたを目指して実際にやってみる志向体験でしか身につかない。また，他人が代わってやることもできない。

　さらに，ボール操作能力は，カンの働きで情況を把握し，どのようなボール操作をするのかを判断することによって発揮される。そのとき，情況に応じたボール操作の動きかたができなければ，「わかっているけどできない」という状態になる。また，ボール操作をする能力は高いのだが，カンが働かなければ「どこにパスを出してよいのかわからない」など意味のないパスや場違いのちぐはぐな攻撃や守備になってしまう。ゲームでの状況を把握する指導として，ゲーム分析による数量化されたデータを示し，どんな攻撃や守備が必要かを理解させる。しかし，刻々と変化する情況のなかで判断し，決断するためのカンは，具体的なゲームのなかで情況の変化を感じとり，それに応じた動きの感じを意識することではじめて動感能力として身についてくる。

---

[3]　金子明友：『わざの伝承』3頁

III ボール運動の基本的運動形態の体系化

　ボール運動で身につける動きかたの習練体系を明らかにするためには，まず習練形態の最上位に位置する類的基本形態を確認する必要がある。それは，ボール運動を成立させるためのはじめ（始原）となる動きかた（動感形態）であり，類的レベルの高い基本形態のことである。たとえば，ボールを片手で投げるのも，遠くに投げるのも，ボールを物に当てるのも，その類的一般化を高めていけば，その動きかたの本質的徴表に至り，それを「投げる」という表現によってその基本形態を表すことができる。

　ボール運動には，「投げる」，「蹴る」，「打つ」，「受ける（捕る）」の言語表現をもつ4つの基本形態がある。あるひとつの運動の概念に言語表現を与えるということは，いわば習練形態としてひとつのまとまりに分類（類化）することが意味される。すなわち，ある動きの概念（意味）が他の動きの概念（意味）と区別され，類化されてそこにひとつの共通した動感形態の特徴が見出される。ここではボール運動の「投げる」，「蹴る」，「打つ」，「受ける（捕る）」の基本形態を体系化するとその言語表現との関係する動きかたの構造（成り立ち）が明らかになってくる。

　それぞれの基本形態には，いろいろな動きかた，たとえば，投げかたにはオーバースローやアンダースローがあり，蹴りかたにはインサイドキックやインステップキックなどが，受けかたには手で受けるや足で受ける，体で受けるがある。それぞれの動感形態が体系上の存在価値をもつためには，それが他の動きかた（動感形態）には置き換えることができない独自の志向形態（目指す動きかた）をもつことになる。それによってオーバースローやアンダースローなどが習練対象となり，動きかたにおける差異をすべて浮き彫りにすることができる。そこではプレイヤーがどんな意図でどんな動感形態（投げかた，蹴りかた，打ちかた，受けかたなど）で行おうとしているのか，その動感意識（動く感じの意識）から体系化を検討することが重要になる。ここでの体系化については，金子明友の「身体知の構造」の"体系論的構造分析の道"を参考にしている[4]。

1．「投げる」，「蹴る」，「打つ」の基本形態の体系化

　ボール運動では，ボールやシャトルなどを自分から遠くに放つための動きかたを「投げる」，「蹴る」や「打つ」という言葉を用いて表現する。この言語表現によって示される動きの概念（意味）は，他の動きの概念と明確な区別がされ，分類されてそこにはひとつの

---
4) 金子明友：『身体知の構造』227頁，明和出版，2005

共通の動感形態の特徴が見出される。「投げる」と「蹴る」は区別され，「投げる」が「打つ」と別の言語表現をもつには，そこには具体的な動きかたに特徴的な区別がされるものがなければならない。そこで，「投げる」を手の操作によって，「蹴る」を足の操作によって，「打つ」を用具の操作によっての動きかたを特徴として表すことができる。しかし，バレーボールのサーブやスパイクなどは手の操作で，サッカーのヘディングは頭による「打つ」ことの意味構造（意味をもって成り立っている）をもつ動感形態もあるため，操作する身体部位や用具だけで分類することはできない。

これらの基本的な運動形態は，日常生活や遊びの中で何気なくいつのまにか身につけていく受動的な志向形態（目指す動きかた）として現れることになる。それらの運動形態は，親や兄姉，遊び仲間に教えられながらボールや物を投げたり，蹴ったり，打ったり，受けたり（捕る）することによっていつのまにか身につけていくものである。

しかし，ボール運動としてゲームの中で用いられると，その基本形態はきわめて多岐多様な動きかた（動感形態）に分化していく。それだけに意図的な習練対象として体系化された基本的な構造化形態を導き出すことは難しい問題をもっている。それは，ボールを投げたり，蹴ったり，打ったりすることや飛んでくるボールを受けたりするという志向形態は動感構造が複雑に絡み合っているからである。その動きかたを外部視点から物理時空系のなかで単純に対象化できないほど，投げる人，蹴る人，打つ人や受ける（捕る）人とその情況との関係のなかで成り立っている絡み合い構造をもつため複雑になってくる。

しかし，「投げる」，「蹴る」「打つ」において共通する特徴は，どんなものを，どのような意図で，どのように操作しようとしているのかによって分化していくことになる。たとえば，投げる形態を取り上げるにしても，どんなものを投げるのか，またその人がどんな意図をもってどのように投げようとしているのかという投げる人の動感作用（投げる感じへの働きかけ）が投げかた（動感形態）の分化に関わっているからである。そのために，まずもってどのような目的で投げようとしているのか，その意図を明確にしておく必要がある。それは，目標投げ（蹴る，打つ）として，ある目標に向かって投げるのか，あるいは，距離投げとして，できるだけ遠くに投げようとしているのかを区別することになる。

目標投げ（蹴る，打つ）は，ゴールやコートの標的ないしは受ける人を目がけて投げる（蹴る，打つ）ことが意味され，その動感形態は多くのボール運動の中心的な投げる（蹴る，打つ）動感形態として現れてくる。それは，シュート，パス，スマッシュやラリーとしての意味をもちながら，いろいろな投げかた（蹴る，打つ）に変化（メタモルフォーゼ）していく。実際のゲームでは，シュートするときも味方にパスするときもそれを妨害しようとする敵がいることから，その情況との関わりに応じた投げかた（動感形態）に分化していくことになる。

距離投げ（蹴る，打つ）は，ロングパス，陸上競技の槍投げ・円盤投げや野球のホームランなどのできるだけ遠くに投げる（蹴る，打つ）ことが意図しての投げかた（蹴る，打つ）

になる。

　この投げる（蹴る，打つ）形態は，競技スポーツの発展のなかで，プレイヤーの意図とそのときの動感情況（動きながら情況を感じ，情況を感じながら動く）に即応しながら多様な投げかたや蹴りかた，打ちかたとして現れてくる。

　さらに，競技種目が独自の投げる（蹴る，打つ）形態を分化させて，類似の他の競技種目との関わりなくその投げかた（蹴る，打つ）に対して名前をつけることになる。たとえば，目標に向かって投げ込む場合，野球ではピッチング，ハンドボールではシュートなどである。そこには統一的な投げる（蹴る，打つ）形態とその名称の体系化していくことを難しくしている。このように複雑に種目との関係のなかで多様な形態分化をもつ投げる（蹴る，打つ）形態の構造化形態の基本体系は，動感作用とその言語表現をともに満足できるような普遍的に分類することで構築することになる。

(1)「投げる」形態

　投げる形態は，幼児期においては，片手で投げるか両手で投げるか，肩越しに投げるか下から投げるかは投げる物との関わりで決められることになる。しかし，複雑な競技形式をもつ現代のボールゲームでは相手側の妨害を避けるために走る形態や跳ぶ形態との組み合わせによって多彩な構造をもつ投げかた（動感形態）が生み出されてくる。さらに，利き手と反対側の手のどちらでも投げることができる優勢化能力の習練が志向されると単純で形式的な体系では対応することはできなくなる。

　ここでは図のように投げる形態の基本体系を腕振り投げ形態，手首投げ形態，振り出し投げ形態，押し出し投げ形態の四つにまとめてみる。

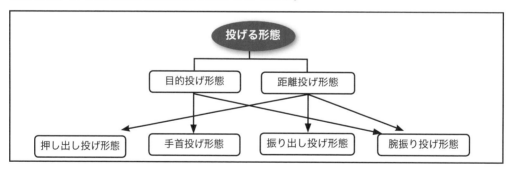

　腕振り投げの形態は，もっとも一般的な片手投げの類化形態で，オーバーハンドやアンダーハンドで投げることになる。情況に応じては両手もしくは左右どちらかの手で投げる形態が見られる。

　手首投げという習練形態は，腕の振りを使わずに，手首のスナップによって素早くシュートをしたり，パスしたりすることになる。ダンクシュートや倒れ込みシュート，敵に読まれないように不意打ち的なパスなども手首投げに分類することができる。

　振出し投げ形態は，遠心力を利用してできるだけ遠くに届くようにするねらいの投げか

たで，円盤投げやハンマー投げのような投げ形態になる。サッカーのキーパーが片手で振り出し投げをしたり，ドッチボールで女の子が横投げしたりなども振り出し投げに分類できる。

押出し投げ形態は，重量の重い物を遠くに飛ばすときの投げかたとして，砲丸投げとバスケットボールのチェストパスがこれに当たる。また，バレーボールのオーバーハンドパスで遠くにパスをするときは，手首投げとこの押し出し投げが組み合わされている。

(2)「蹴る」形態

蹴る形態は，幼児期の場合，ボールに足を当てることから蹴る形態が発生する場合と，積極的に足を振ることでボールを蹴る形態があり，さらに止まって蹴るか，走りながら蹴るかに大きく分類できる。しかし，ボールゲームの中では，目的に応じてボールを操作するために多様な蹴り形態が見られ，相手の防御を抜くために走りながらボールを操作する蹴る形態や一気に遠くの味方にパスやゴールにシュートするなど，多彩な蹴りかたの構造化形態が生み出される。さらに，利き足と反対側の足どちらでも蹴ることができる優勢化能力も習練対象になる。

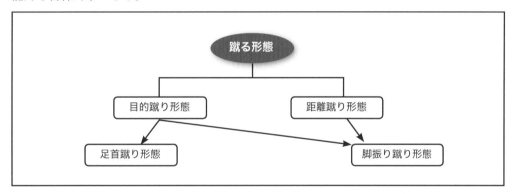

脚振り蹴り形態は，ボールの横に軸足を踏み込み，蹴り足の膝を曲げながら後ろに振り上げ，その反動を利用してボールをねらいとする距離に蹴ることになる。足のどの部分で蹴るかによってインステップキックやインサイドキック，アウトサイドキックになり，情況に応じて左右どちらの脚でも蹴る形態が見られる。

足首蹴り形態は，脚の振りを使わずに，膝と足首のスナップによって素早くパスをしたり，ドリブルをしたりすることになる。ボールの方向やスピードなどをコントロールすることで正確にパスをしたりシュートしたりすることになる。また，足の甲や膝などでボールを突くようなリフティングなどもこの形態に分類できる。

(3)「打つ」形態

打つ形態は，自分に向かって飛んでくる空中にある対象物を手や用具を用いて打つ形態と地面にある物を用具で打つ形態に大きく分けることができる。

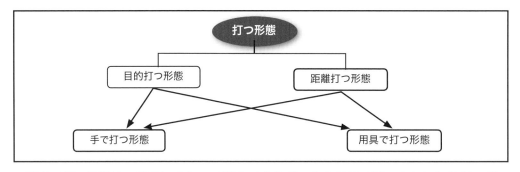

　用具で打つ形態は，自分に向かって飛んでくるボールを用具で打つことになるが，ボールの飛んでくる方向や落下地点を見極め，その地点まで移動して打つ形態と，移動をしないで飛んでくるボールを打つ形態に分類される。移動して打つ形態（テニス，卓球，バドミントン）は，体の正面で打つフォアハンドストロークと体のひねりで背中を向けて打つバックハンドストロークに分類される。移動しないで打つ形態（野球，ソフト，ゴルフ）は，はじめと終わりで動きが完結する非循環局面構造として準備局面，主要局面，終末局面が明確に見られる。また，ラケットやバットの面を利用して跳ね返すボレーやバントも用具で打つ形態の構造化形態として類化することができる。

　手で打つ形態は，バレーボールのように手で打つことがルール化されたゲームの中に見られる形態である。手で打つ場合には，手のひらと指先，前腕などの身体部分で打つことになるが，手のひらはサーブやスパイクなどが見られ，距離やスピードを求めるときの打つ形態である。指先で打つ形態は，オーバーハンドパスのように指先でボールを跳ね返すようにしてボール操作を重視する打つ形態もある。さらに，アンダーハンドパスのように前腕を用いて打つ場合は，受ける動感意識が強く働き，ボールをコントロールすることになる。

2.「受ける」（捕る）の基本形態の体系化

　受ける（捕る）形態は，「投げる」，「蹴る」，「打つ」形態との絡み合い構造をもち，次に一連の動作として投げる（蹴る）形態と組み合わせられる。また，受ける（捕る）対象物が何であるか，あるいは手で捕るのか足で捕るのか体で受けるのかなどによって，受ける（捕る）形態は変化していく。ここでは手で受ける（捕る）形態，足で受ける（捕る）形態，体で受ける（捕る）形態に分類することができる。

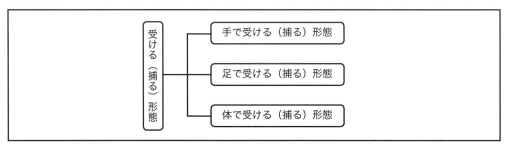

手で受ける（捕る）形態には，胸で抱きかかえるようにして受ける（捕る）形態も含まれる。さらに，足や体幹部での受けるはトラッピングというほうがなじみのある表現になる。トラップというのは「わな」の意味で，ボールをその「わな」に入れるように身体を操作することになる。そこでサッカーのように，手の使用を禁止されている受けかたとして特殊な受ける（捕る）形態が発生する。

　さらに，受ける（捕る）形態に入る前に，どのような形態変化が求められるかによって受ける（捕る）形態はメタモルフォーゼ（変化）していくことになる。それは飛んでくるボールに対して体をどのように向けるのか，ジャンプして受けたり，走っていって受けたりするのはよく見られることである。対象物を受ける（捕る）という志向形態は，対象物との物理的出合い（飛行スピードや軌跡を計算して体力要因で考える）ではなく，現象学的出合いでなければならない。そこにはコツの身体知とカンの身体知を同時に身につけるために繰り返しによる習練の対象として取り上げなければならないことを意味している。それは体力的トレーニングを習練対象にするのではなく，落下地点に対して〈二つの上〉を感じる始原身体知や〈二つの今〉を感じる時間化身体知が働くことによってはじめて目的が達成される。すなわち，自分がどの位置でどの方向に向いているのかを定位感能力でとらえ，〈今ここ〉で遠いや近いを〈感じながら動き〉〈動きながら感じる〉ことのできる遠近感能力を発生させ，充実させることがもっとも大切になる。

Ⅳ　ボール運動の学習と動感身体知

　学校体育では，体つくり運動，器械運動，陸上運動（競技），水泳，ボール運動（球技），表現運動（ダンス），武道の7領域の運動内容によって学習が進められる。体つくり運動以外の運動領域は競技スポーツ種目としてスポーツの楽しさを学習することになるが，そこでは個人競技，対人競技，集団競技のように，関与する人数によってスポーツを分類している。しかし，スポーツの楽しさを学ぶと言ってもスポーツ種目の競技特性から見てどのような技能で競い合うのか，さらに，どのようなルールで何を基準に勝敗を決めるのか，その勝敗の客観性はどこにあるのかを明らかにしておかなければ学習内容として何を学ばせるのかを決めることはできない。

　スポーツの競技特性からどんな客観的基準を用いて勝敗を決めているのかの視点からは，測定競技スポーツ，判定競技スポーツ，評定競技スポーツの3つに分類することができる[5]。測定スポーツの代表は，陸上競技や水泳である。それはルールに従った動きかたで運動の時間・空間的な速さや高さ，長さを競い，最終結果のタイムや距離を測定するこ

5）　金子明友：『身体知の形成（上）』233頁，明和出版，2005

とで勝敗を決める。判定スポーツは，球技や武道のようにルールに照らし合わせてアウトかセーフ，ファウルかそうでないのか，一本か技ありなのかなどレフリーによる二者択一の価値判定によってゲームが進み，ルール上で得られる得点の合計で勝敗を決めることになる。さらに，評定スポーツは，器械運動やダンスのように審判員の運動価値判断の能力によって，技の難しさや動きかたの出来映えなどを評価することで得点を算出し，それによって勝敗を決める。しかし，今日の競技会では，勝敗の客観性を保障するために，競技特性の規則に基づいて高精度の測定機器やビデオ判定などに依存することも多くなってきている。

　測定と評定スポーツでは，個人が目標とする運動課題，言い換えれば，動きかた（動感形態：動作）に対して自分の身体をどのように動かすことができるかといったコツ身体知に意識を向けた習練が特徴になる。そのなかでも陸上競技や水泳では走りかたや跳びかた，泳ぎかたなどの動きかたを一度身につければ，その後の習練はスピードや距離の増大を目指すことを目標に合理的で合目的な動きかたの改善に主眼を置くトレーニングになる。一方，器械運動やダンスは，いろいろな動きかたを身につけることとその動きかたの質的改善を求めるコツ身体知の習得が重要な習練目標になる。

　これに対して判定スポーツとしてのボール運動（球技）は，ボールを投げたり受けたりすることのできるコツ身体知を基柢にしながらも，敵味方の攻防の中で有意味な情況判断をすることのできるカンの身体知がゲームの勝敗に大きく関与してくる。それは，ボール運動に必要な動きかたのコツの身体知が身についても，刻々と変化する情況の中で情況を判断し，選択，決断するカン身体知が働かなければゲームとして成立することが難しくなる。すなわち，いくらボールを上手に操作しても情況とは関係のないプレイが行われると，意味のない場違いなプレイになってしまい，相手にチャンスを与えてしまう。このことからボール運動の学習では，どのような情況ではどのような身体の動かしかたをすればよいか，戦術力として〈そのように動ける〉という動感身体知を身につけることが大切になる。そこでの動感身体知はカン身体知とコツ身体知のどちらかが意識に現れるとどちらかはその背景に隠れる相互隠蔽原理によってカンとコツの動感意識が入れ換わって反転化する。

　ボール運動の学習の特徴として，自分の動きかたに関わるコツと情況を判断することができるカンを統一させた動きかたに意識を向けることにある。すなわち，情況の変化に対応するために自分の身体をどのように動かすことができるかといった意識をもって，情況に応じて動くことのできるカンとコツが統一された動きかたを身につけることになる。この点からボール運動の教材的価値のひとつに，ゲームの中で刻々と変化する情況を先読みして，それに応じていろいろとボールの操作ができる動きかたの発生，充実をねらいに学習が進められる。それは情況の変化に応じて〈そのように動ける〉という「動ける身体」を獲得することである。そのためにボール運動の学習では，ボール操作の技能の「上手」「下手」やゲームの中での体力が「ある」「ない」などの二者択一的な技能評価だけでなく，

情況をどのように先読みし，何を判断し，選択，決断してどのように動こうとしたのかなど運動者の内在的経験を正当性に評価して指導することが大切になってくる。

　情況が変化するボールゲームでは，「動きたいけれど，どうしても動けない」というパトス的運動感覚的な世界の中でプレイすることになる[6]。それだけに情況の変化に応じていろいろな動きかたを試行錯誤するなかで動きかたのコツを探す「探索位相」の学習を経て，偶然にも情況の変化に応じてタイミングよく動くことができるようになる「偶発位相」，そして，いつでも情況の変化を読んで動くことができる「形態化位相」へ，さらに，感覚質（自分で感じる動きの質）によってむだのない動きで安定した動きかた，偶発的な情況の変化に対しても即興的に動ける「自在位相」へと進む連続性をもった動感化現象（動く感じがわかる出来事）の学習なのである。

　そこでは，情況に応じるための〈カン〉を働かせ，それに応じられる動きかたの〈コツ〉を身につけ，さらに，よりよい動きへと改善していくなかに動きのかたちが生成と消滅（ゲシュタルトクライス）を繰り返しながら質的レベルが高まり，よりよく"動ける身体"の獲得へとつながっていく。この生成と消滅という考え方は，一回一回が異なる情況の変化に応じた動きかたの発生と充実を目指す志向体験のなかに，新しい動きかたの動きの感じ（動感）がわかった瞬間に今までの動きの感じは消え去り，新たな動きの感じが発生し，よりよい動感感覚質を伴う動きかたへと変化していくことになる。このような動感化現象は，時間的経過の中で動きの形成位相として探索位相，偶発位相，形態化位相，自在位相を観察することができる。

　"動ける身体"を獲得するということは，ただ単に体力的にすぐれた身体の獲得だけではなく，生理学的な意味での運動感覚よりさらに広がりのある時空間での動きの世界を可能にする運動感覚（動感）の身体をもつことである。そして，そこには運動感覚（動感＝キネステーゼ）能力がきわめて重要な役割を果たしている。動きかた（動感形態）の発生，充実を目指す運動発生学習で重要なことは，動感能力（自分の身体で動く感じがわかること）をいかに発生させ，充実させることができるかという点にある。この能力は具体的な情況のなかで動きかたを志向体験することでしか形成されないし，また，他人が代わってやることもできない。

　ボール運動で目標とする投げかた，蹴りかた，打ちかた，受けかたなどの学習は，自分の動きかたに動感意識を向けると同時に情況の変化に応じても「私はそのように動ける」ようにするという動感化能力の学習と言える。すなわち，そこには〈コツ〉と〈カン〉の統一された動きかたが「できる」ようになるという志向体験がどうしても必要になってくる。そのこと自体が動きかたの発生，充実という身体知の学習であり，その学習がいかに大切かを子どもにわからせることは，教師の役目であると共に体育での中核的な学習内容になるのである。

---

6) 金子明友：『身体知の形成（上）』225頁，明和出版，2005

人間は身体を動かすことで世界（自然，人，物）に対して応答している。このことから考えると，動きかたを発生させるための志向体験は，動感化能力を充実させ，私は周界の世界に対してそのように動くことができるという動感身体をもつことになる。子どもはそのような動感身体をもつことによって日常生活やスポーツ活動でより豊かに動ける動感可能性を大きく伸ばしていく。まさに体育における〈身体性〉の教育の基本的な考え方がここにある。

　ここで問題にする〈身体性〉とは，過去の心身二元論的な身体の意味ではない。それは，フッサールのいう〈身体性〉のことであり，「世界と関わりをもつ中でいつも私とともにある身体」が常に問題になってくる。金子は，動きの学習にとって重要なことは，「〈生きられる〉動きは〈自己運動〉として，〈今ここ〉という〈身体性〉のなかで動きの〈かたち〉（動感形態）を成立させることができる」という。体育学習では，ボール運動での具体的な学習内容として，ゲームを楽しむために〈今ここ〉で情況に応じてどのような動きかたを発生，充実させるかという学習がもっとも重視されなければならない。

　ボール運動での動きかたを身につけるということは，カンが働くことでゲームの情況が「わかる」ことと情況に応じた動きかたがコツとして自分の身体で「わかる」ことである。それによってゲームの中で情況に応じて「そのように動くことができる」ようになっていく。このゲームの中での「できる」という喜びが内的衝動となって触発化能力（意欲）を高め，戦術が変わってもそれに応じた動きかたを身につけようと新たな習練目標に向かって努力がはじまる。このような〈身体性〉の学習こそが「ボール運動」の動感指導の基柢になっている。

V　ボール運動の〈今ここ〉を感じる始原身体知

　〈身体性〉という現象学的な立場からの身体教育について，金子は「〈身体性〉とは，動ける可能性をもつ身体，いわば，運動を時間化できる可能性をもつ私の身体である[7]」として，その〈動ける身体〉は，運動が「できる」「できない」の結果だけが問題になる身体ではないという。また，「〈今ここ〉にいつでも時間化できる可能性をもつ動感志向性を胚胎している身体，つまり，動感身体知こそ，新しい身体教育としての〈体育〉の基柢に据えられなければならない」ことを強調している。このことは，動感身体知をめぐって新しい体育的な意義をもつ身体教育の在り方がボール運動の学習においても主題化されなければならないのである。

　運動を時間化できる身体とは，予感の〈流れくる未来の今〉（未来予持）と直感の〈た

---

[7] 金子明友：『身体知の形成（下）』205頁，明和出版，2005

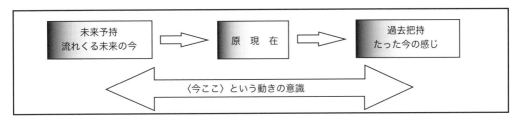

った今の感じ〉（過去把持）という〈二つの今〉が，〈生き生きとした現在〉のなかで感じとられている。それは「どのようにして動こう」として「どのように動けたか」の未来も過去も含む幅をもって現在の〈今〉を感じとっているのである。〈今ここ〉での動きかたはまさに来たらんとする未来の情況に即して〈流れくる未来の今〉を"動きつつ感じ"，今まさに過ぎ去った〈たった今の感じ〉を"感じつつ動く"ことで〈今〉という現前に生き生きと引き寄せることのできる身体のことである。

　人間の運動は，動きつつ感じ，感じつつ動ける身体によって生き生きとした動きのかたちが生み出されてくる。そのとき，〈動ける感じ〉〈動く感じ〉という〈今ここ〉を感じる始原身体知には，〈二つの上〉を気づく体感身体知と〈二つの今〉を感じる時間化身体知の発生が重要になってくる。

　ここでの〈二つの上〉を気づく体感身体知とは，〈絶対ここ〉をゼロ点にして上下，前後，左右の方位づけをわが身にありありととらえるために，重力が作用する地球空間の天頂の〈上〉と，物体身体の頭頂の〈上〉という二つの〈原方向づけ〉を区別することのできる身体知である。たとえば，日常生活で仰向けに横たわった体位では，上はその人にとって異なる感覚質としてとらえられる。つまり，頭のほうを上とすれば前は地球空間の〈天頂の上〉になるし，〈天頂の上〉を上とすれば前は足のほうになってしまう。日常的な直立位では，地球上の〈天頂の上〉と〈頭頂の上〉は合致しており，前後の方向づけに混乱は起こらない。しかし，倒立位になると足のほうが〈天頂の上〉と気づき，背面が前で腹面が後という方向づけになる。このような方位づけの絡み合い構造は，学校体育では見過ごされやすいことから〈二つの上〉に気づく体感身体知を充実させておくことになる。

　どのような動感運動にも体感身体知と時間化身体知が発生しているのであるが，ボール運動の学習では特に〈今ここ〉を感じる始原身体知が重要な能力になってくる。ボール運動は常に敵味方の情況が変化しており，その未来の情況に即して〈流れくる未来の今〉を感じる予感によって動くことができなければパスを出すことはできない。そのためにもボール運動では，どこにどのように投げようとしてどのような投げかたをしたのかを子どもの動感意識に働きかけて動感指導をすることが大切になってくる。そのことがゲームの中で情況の変化を先読みし，情況に応じた動きかたができる動感身体知を育てることになる。

　これまでのボール運動の指導は，ゲームでの攻防の仕方を図解などでモデル化されたフォーメーションを説明し，それを理解させて図解どおりに動くように指導するのが一般的であった。しかし，問題は，ゲームの中では常に情況が変化しており，図解で示されたフ

ォーメーション通りに動いたとしてもパスやシュートがうまくいくとは限らない。それは味方の動きが速かったり，遅かったりしてパスを出すタイミングが合わないことやパスを出す方向や距離が合わず相手にパスが届かないことがある。

　子どもが学習カードに示されているフォーメーションの位置移動をただなぞるように動くだけでは，情況の変化を読みとるカン身体知は発生しないし空虚のままに進んでいく。その結果，ゲームでは刻々と変化する情況を読みとるカン身体知とそれに応じて動くことのできるコツ身体知もなかなか身につけることができない。また，図解のようなフォーメーションでゲームが展開することは少なく，子どもの中には情況の変化に対応できずにどのように動いてよいかわからないまま，ゲームを楽しめない子どもも決して少なくない。図解でのフォーメーションどおりに動くにしてもスペースに走り込むタイミングやパスを出すタイミングはいつも同じではない。そのためには変化する情況を把握するカン身体知とそれに応じて動くことのできるコツ身体知をどうしても身につける必要がでてくる。そのようなカンとコツの身体知をどのように育てるのかはこれまでの指導ではあまり明確にされてこなかった。

　ボール運動でのキャッチボールやパスは基本技能として初心者から選手まで必ず練習のはじめに行われる。このキャッチボールやパスの習練には，ウォーミングアップや肩慣らしとしてだけ行われるのではなく，投げ手と受け手の間で投げる感じや受ける感じなどの動感身体知の確認が行われている。そこには投げたり受けたりする動きかたのなかに〈二つの上〉に気づく体感身体知や〈二つの今〉を感じる時間化身体知の動感意識が働いている。投げ手は，どの方向にどれくらいの距離を投げればよいかを定位感と遠近感の体感身体知によって感じとる。また，受け手に対してどのようなボールでどこに投げるかを〈流れくる未来の今〉の予感（未来予持）として感じ，思いどおりに投げることができたかどうかを〈たった今の感じ〉の直感（過去把持）で感じとることのできる時間化身体知も働いている。さらに，ねらったコースに飛んでいくように手から放たれたボールに動感を伸ばしていく付帯伸長能力もそこに働いている。

　受け手は，投げ手がどれくらいの距離（遠近感）からどんなボールを投げようとしているのか〈流れくる未来の今〉を感じる予感が働く。それによって投げられたボールがどんなコースやスピードで自分に向かって飛んでくるのかを身体から伸びる徒手伸長能力で感じとり，受ける体勢の準備やどんな受けかたをするのかを選択と判断，決断する。さらに，受けた瞬間にはどんな受けかたをしたのかを〈たった今の感じ〉を残す直感で確実に受けることができたかなど受けかたの良し悪しを判断する価値覚能力も働いている。さらに，キャッチからスローイングに入るための融合局面では，どんな体勢（定位感）からどこにどんなスピード（遠近感）で投げるのかを未来のこととして先読みをし，〈流れくる未来の今〉を感じる予感として準備をしている。普段のキャッチボールでは，投げかたや受けかたのなかでこの体感身体知と時間化身体知はあまり動感意識として明確に浮かび上がっ

てこない。しかし，ゲームなどで失敗できない情況では，どこにどんなボールを正確に投げることができるか，飛んでくるボールを確実に受けることができるかなど，そのときにこの身体知を依り処にコツ身体知が動感意識として浮かび上がってくる。

キャッチボールは，投げ手の対象となる受け手は常に決まった1人であるのに対して，ゲームの中では敵味方が入り乱れて動くことから，複数の受け手が対象になる。また，投げ手に対して敵はパスのコースを妨害したり，カットしたりすることから敵の動きを先読みしながらパスをすることになる。そのため情況を判断することのできるカン身体知が当然のごとく求められてくる。このような基礎技能のなかにコツやカンの動感身体知を意識させることによってはじめてゲームの中で生かされるキャッチボールやパス技能が身につくことになる。

VI　ボール運動の動感能力とは

(1) ボール運動に求められるコツとカンについて

ボールの投げかたや受けかたを児童生徒に教えているとき，「今のコツを忘れないように」とか，「動きの呑み込みが早い」などと言ったり，ゲームの中で周囲の情況の変化に対してその情況に応じて動くことができる子どもを「素晴らしいカンをもっている」などと評価したりすることがある。

ボール運動のゲームでは敵味方による攻防によって得点を競うことから，情況に応じた判断とそれにもっとも適した動きかたが求められることになる。すなわち，私の身体を取りまく情況に応じて，私がどのような動きかたをすべきかを考え，判断をするカンの身体知と「私はそのような動きかたができる」というコツの身体知とは表裏一体をなし，統一された動きとして志向体験することになる。それは，コツとカンは同一の志向形態の両面として機に応じてリヴァーシブル（裏表の関係）に反転することで成立する反理論的な現象なのである。

ボール運動では，パスはゲームの中で重要な意味構造をもっており，単にボールが投げ手から受け手への移動だけではない。投げ手の私がカンを働かせて敵の防御を先読みし，味方の誰にどんなパスをするかを判断する。そのときそのようなパスができるかという動きかたのコツがそこに居合わせていなければ成功するものではない。また，情況に応じたパスをしたとしても受け（捕る）手側のカンが働いていなかったり，そのパスを受けるための動感形態（受けかた）のコツが空虚であったりするとパスは失敗に終わることになる。つまり，そこには意味のある情況判断できるカンの身体知が働いたとしても，そのように

動くことができるコツの身体知が空虚であると、それは単なる一片の情報でしかなく、予測的な期待に過ぎないことになる。

ボール運動には、多くの種目があり、種目の特性に基づく独自のルールによってゲームが成立していることから、そこでの習練形態もその種目に特有の身体能力を身につけることが求められる。そのためにサッカーでは足でボールを操作すること、バスケットボールでは手でボールをコントロールすること、さらにバレーボールでは指先でボールコントロールすることなどそれぞれの身体能力の内容が異なるため、その種目ごとに独自の習練体系論がある。しかし、種目ごとの習練体系が独自性をもつにしても、共通することは、ボールを操作するための動きかたのコツ身体知だけを取り上げて、カン身体知を避けて習練することはできないということである。コツとカンは私の身体によって生み出される動きかた（パスやシュートなど）の動感能力であり、それは表裏的に志向体験がされる。一方だけの動感能力を目指して形態発生を対象にして習練できないのである。

コツとカンを身につけるためには、「私の運動」としてどんな感じで動けばよいのかといったコツを探りながら、実際に情況に応じてカンを働かせながら自分の身体を動かすことが必要になってくる。この「私の運動」というときの運動は、〈今ここ〉で生き生きと運動することによって、私の身体で動きの感じをありありと感じることのできる〈身体性〉を含む動感運動のことなのである。動感というのは、私の身体性のなかで息づいている「動いている感じ」のことを意味している。さらに、この動感という言葉は、動きかたを「覚える－教える」の発生論的運動学での中核的な概念となり、現象学者のフッサールの〈キネステーゼ〉が意味されている。目標とする動きかた（動感形態）を覚えるというのは、その動きかたのコツを身につけることになるが、そのためにも「私はどんな感じで動くことができるのか」といった動感能力を問題にしないわけにはいかない。

ここでの動感（キネステーゼ）能力とは、〈今ここ〉に息づいて、動きつつ感じ、感じつつ動ける身体によって、「私はそのように動くことができる」という能力のことを表している。そして、〈今ここ〉で動いている〈たった今の感じ〉のなかにコツの感じをつなぎ止め、さらに、これから行う〈流れくる未来の今〉の動きのなかにカンによる先読みを取り込むことのできる能力のことをいう。もしこの動感能力が働かなければ、私たちは情況に応じて動くことも、その動きを感じとることもできなくなる。たとえ、頭で知識としていくら動きかたを理解していたとしても、この動感能力が働かなければ実際に身体を動かすことはできないし、情況に応じた動きかたも決して発生してこないのである。ここではコツとカンについてもう少し考えてみる。

(2) コツとは何か

コツは漢字で「骨」と表され、私が「そのように動ける」と身体で感じとることのできる身体知と理解することができる。ボール運動でもいろいろなボール操作が「できる」よ

うに動感化現象を主題にする習練を中心に展開されていく。習練対象の動感形態の発生，すなわち習練目標が「できる」ということは，その習練目標に求められる動きかたのコツを身につけることである。金子は『「コツを身につける」という表現をわれわれは一般的によく用いるが，改めてコツとは何かと問われてもなかなか明確に答えることができない。漢字の「骨」は，生物学的な骨のほかに，老骨のように，身体の意にも用いられ，さらにものごとの芯として，それを支える骨子の意にも用いられる。このことから〈コツ〉とは，自分がやりたいと思っているときに，その運動の要になる「身体の動かしかた」のことで，それは自分の身体でわかること，身体が了解したことを意味する[8]』と述べている。

ボール運動で求められる動きかたを身につけるということは，見様見真似でいつのまにか「できる」ようになっている受動的発生もあれば，教師（指導者）と児童生徒の「教える－教わる」の関係のなかで意識的に覚える能動的発生がある。どちらにしてもそこには，新しい動きかたを身につけるという動感化現象が主題になっている。動感化現象とは，「私が動けるようになる」という身体知発生の出来事のことであり，それは誰でもが経験するように，動く感じ（コツ）を「掴んだ」とき目標とする動きかたが身体で「できた」と感じとることができることである。このようにまとまりのある動きかた，たとえば，シュートの動きかたがわかるような形態発生の出来事を動感化現象と呼ぶことになる。すなわち，「私はそのように動くことができる」という動感志向性に支えられて，動きの感じを肌で感じとりながらそのように動ける能力が動感能力なのである。この動感化能力は，体力や精神力および知的理解力などの諸要素から決して組み立てられるものではない。

この動感化現象は，フッサールが「それは目標を目指しての意思の道程として構成される。そこには何かに向けて能動的な努力のなかに習練道程が形成され，動感化能力を目指して歩き続ける道になる」と指摘するようにその本質法則は原努力に支えられて，反復的な習練によるものである。実際に自分の身体を動かすなかで，私は動けるようになるという身体知発生という出来事をなし遂げるものでなければならないのであり，このことは動感化現象そのものが学校体育や部活動の習練の主題になってくる。

（3）カンとは何か

コツと対をなして表裏一体にあるのがカンである。漢字では「勘」と表され，運動世界で使われるとき，いろいろと変化する運動場面の情況に応じて，どちらがよいかを考慮し，判断する意味をもつことになる。そのため，情況に適してうまく動けたときには「いいカンが働いた」といい，判断が悪いときには「カンが鈍い」などの評価をされることになる。

自然科学的な運動認識では，いい加減なカンに頼って運動するより，客観的な運動法則や過去のゲーム分析のデータに基づいて科学的に運動をすべきだと主張されることがある。しかし，そこには本質的な運動認識の違いがあることに気づいていないのである。

---

8) 金子明友：『わざの伝承』220頁，明和出版，2002

金子は「カンやコツといった本原的な固有領域に属する生命的な身体知は因果決定論に基づく精密科学によって分析することはできない」として、それは「その生命ある身体知によって発生する動感運動を物体運動に変換しなければ、精密科学的な分析ができないからである[9]」という。そこにはカンの住んでいる「情況」に注目する必要がある。情況とは、ボイテンデイクが注意しているように「場のベクトル構造の合力」（状況の力関係を定量分析的）でなく、「生きものの運動の意味は関係構造という視点の下においてはじめて露わになってくる」のである。さらに、「関係」こそ「情況」と名づけることができるという。たとえば、獲物をねらうライオンの動きかた、タックルをしようと追いかけるラグビー選手の姿の映像の背景をすべて消し去ってしまい、図形的な位置変化のみを抜き出して定量分析しても、ライオンは何をしつつあるのか、選手は何をしようと走っているのかを「推測することはできても、見ることはできない」ことになってしまうのである。このことからカンの身体知を意味のある情況から切り離して考えることはできない。

　これからの未来はいろいろな状況に対応できるロボットに期待が集まっている。しかし、ロボットに入力する状況変化のデータはあらゆる可能性を予測して用意することになり、ロボットがその状況を読むのはその確率問題に還元できるからであって、無限に自由度をもつ動感運動の世界には通用しないのである。さらに、カンが情況の意味を判断してどのように動くかを決定したとしても、そこにはそのような動きかたができるコツが生かされなければ、カンは何の意味もなく、単なる想像的な期待に過ぎないことになる。

　これまでのボール運動の指導では、習練目標とする動きかたを身につけることや情況に応じた動きかたのためにどのような動感能力が必要なのかを明確にしないまま、またその能力の発生や充実を促発する動感指導に対してあまり関心をもたないままに行ってきた。しかし、子ども自身は、どのような感じで動けばそのような動感形態を発生させることができるのか、情況の変化に対してどんな動きかたで対応することができるのか、そこでの動く感じを教えてもらいたいと思っている。そのためにも、コツとカンが表裏一体となるような動きかたを身につけるにはどんな動感能力が必要となり、その動感能力をどのようにして発生・充実させることができるのかなど、新しい発生論的運動学の理論による動感身体知の考え方がボール運動の動感指導にはどうしても必要になってくる。

VII　ボール運動で動感身体知を高める指導

　これまでのボール運動の指導では、子どもに習練対象になる目標運動（パス、シュート、ドリブルなど）の仕方を示範や学習カードなどでポイントを説明し、後は子どもの「自得」

---

[9]　金子明友：『身体知の形成（下）』25頁、明和出版、2005

に委ねることが一般的であった。しかし，1人ひとりの子どもに応じた指導を考えるなら，指導者は子どもとの関係，すなわち，動きかたを「教える－覚える」の関係がどのような構造になっているのか，そして，そこでの指導すべきことがらはどんな内容なのかを明らかにしておく必要がある。そのためにも，ボール運動の動感指導では，発生運動学の理論から動きを習得していく形成位相と身体知としての動きかたを覚えるための動感創発身体知や教えるための動感促発身体知を理解しておくことが求められてくる。

運動学習では，いろいろな動感形相（動きの意味構造をもつ運動）のなかから習練対象となる目指す動きかたの志向形態を選び，その動きのゲシュタルト（動きかた）を身につけることになる。それは一回性の原理と発生の原理に支配されているとマイネルはいう[10]。一回性の原理とは，二度と完全に同じ動きかたを見ることはできず，同一課題に対してもその時々の多くの解決の仕方があり，さまざまな動きかたとして現れてくる。このことは，私の動きかたは，時間ゲシュタルトとして，刻々と変化する空間のなかで，動きかたが生成と消滅を繰り返しながら，一回ごとに新しい動感体験が生みだされる。また，発生の原理とは，常に〈今ここ〉の動きかたから次の動きかたの状態へと移行することによって，新しい動きかたが発生してくる。そこでは「生み出されたものと生み出されつつあるもの」として動きかたの形成としてとらえることで，動きの習熟の様相を形成位相として観察することが可能になる。

動感指導では，習練目標とする動きかたに対して子どものどんな動感能力が空虚で，そのためにどんな動きかたを発生させればよいのかがまずもって問題になってくる。そこで指導者は，教えるための動感促発身体知を働かせて動感指導すべきことがらを明らかにする。まず情況に応じてどのような動きかた（投げかたや蹴りかた，受けかた）ができるのかできないのか，その動きかたは今どれくらいの形成位相なのかを観察することからはじめる。そこでは，子どもの投げかたの動きで腕の振りかたや足の出しかたが合わなかったり，目標への方向が定まらなかったり，フォームに力が入りすぎたりするなど，どのレベルの形成位相にあるのかを見ることで，どのような覚えるための動感創発身体知がまだ発生・充実していないのかを分析する。それによって指導者は，素材づくりの身体知を働かせ，子どもにいろいろな投げかたの動感素材を用いて動感指導を行うことになるが，どんな動感素材を用いればどの動感能力を発生・充実させることができるのかといった指導内容を明らかにする。ここでは金子明友の「わざの伝承」「身体知の形成」（上，下）より，動感形成位相と動感創発身体知，動感促発身体知について簡単に概略を示しておく。詳しく調べたい場合には原著に当たることをお勧めする。

次頁の図は，運動発生学習における学習者の動感形成位相や動きを覚える身体知（動感創発身体知）と指導者の動きを教える身体知（動感促発身体知）の関係を示したものである。

---

[10] クルト・マイネル：金子明友訳『スポーツ運動学』147頁，大修館書店，1981

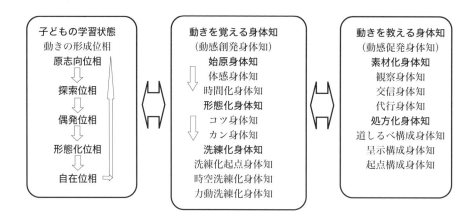

VIII ボール運動の運動学習と動感形成位相

　ボール運動をはじめとして運動学習では,「できる」ことを目指して学習が進められるが,そこには,どんな「できる」を目指すのかによって,どのような動感能力を充実させなければならないかが決まってくる。運動学習には大きく3つの「できる」を目指す学習に分類することができる。

　1つは,まったく新しいボールの投げかた(蹴りかた,打ちかた)や受けかたなどのボール操作を覚えること,まだ上手くできない投げかた(蹴りかた,打ちかた)や受けかたの動きかたを覚えることの学習である。ボール運動では幼少期よりの環境や運動経験が大きく関わりをもつことになるので,ボール操作が上手くできない子どもやタイミングが合わない子どもを見かける。ここでは,新しい投げかた(蹴りかた,打ちかた)や受けかたのボール操作を身につけるために,動きの発生・習得に関わっての学習ということになる。そこで大切になるのが子どものボール運動の基本的な動感形態(投げかた,蹴りかた,打ちかた,受けかた)がどの形成位相にあるのかを問題にして指導することである。それは,子どもがやってみたいと思う原志向位相なのか,どうすればできるのかいろいろと試している探索位相なのか,まぐれでできた偶発位相なのかを見極めることで指導内容や課題の与え方が違ってくる。たとえば,動感素材となる動きのアナロゴン(類似のやさしい運動)を与えたり,やさしい課題で行わせたり,場を工夫したりする。

　2つめは,今できている投げかた(蹴る,打つ)や受けかたをさらによりよいものにする学習である。これは,動きの習熟・修正に関わっての学習ということになる。そして,そこでの動きの状態を形成位相から見て,たまにしかできない偶発位相なのか,できているがまだ修正が必要な形態化位相なのかによって課題や目標のもたせ方が決まってくる。たとえば,回数をかけさせたり,できたときのコツを再確認ができるようにさせたり,技

術的ポイントを意識させたり，条件を変えてもできるようにする。

　3つめは，他人と協力したり，いろいろな情況のなかでも使えたりする学習である。投げかた（蹴る，打つ）や受けかたが自動化され，ゲームで応用できるようにする。そこでは，どの程度，動きかたが自在位相の状態なのかによって達成目標のもたせ方も決まってくる。たとえば，いろいろなタスクゲームの中でカンを働かせて情況に応じたパスやシュートが仲間との連携プレイの中でスムーズにでき，繰り返し行う中で失敗を最小限にとどめて目的が達成できるように修正と確認ができるようにする。

　この運動学習に共通のプロセスとしては，目標とする動きかたをイメージしながら「できる」ようになりたいと思って運動に挑戦する（原志向位相）。そこでは失敗を繰り返しながらも試行錯誤する（探索位相）ことで偶然的に出会う一度の成功（偶発位相）から何度でも同じ動きができる（形態化位相）ようにする。そして，どのような情況下においても思い通りの動きができる（自在位相）ようになる。これが動きを覚えるとき現れる形成位相であり，自らの動感が充実していくことで動きかたを身につけることになる。個人的なボール操作の動きかたを身につけるときやチームプレイに必要な連携プレイを仲間と身につけるときにもこの五位相が見られる。

　ここで動きの形成位相について簡単に説明をしておく。形成位相とは，目標とする動きのかたち（形態化）が発生から熟練状態にまでに形成されていく様相を示したものである。また，チームプレイで仲間との連携プレイにおいて動きかたがバラバラでタイミングが合わない状態から，連携プレイとして一連の流れが見えるようになり，目的とする攻撃パターンになっていく。〈今ここ〉で動いている子どもの状態やチームプレイの状態を観察すると，どの形成位相にあるのかを読みとることができる。そして，この形成位相は決して後戻りをすることはない。また，動きかたやチームプレイが熟練して自在位相になってもそこで完結するものではない。上位レベルの新しい質を目指し，新しい動きかたや連携プレイへと能動的な動感発生が生じると，原志向位相にふたたび回帰していく。すなわち，ここには，ゲシュタルトクライス理論に基づいて動きのかたちが生成と消滅を繰り返しながら，よりよい動きかたや新しい意味構造をもつ動きかたへと改善され，より上位のレベルの連携プレイの発生の様相へと循環的に発展していくことが示されていく。動きのかたちが生成と消滅するということは，今までと違う動きかたを覚える（発生）ためにこれまでの古い動きかたを解消（消滅）させる必要がある。それによってはじめて新しい動きかたや連携プレイを身につけることが可能になっていくのである。

(1) やってみたいと思う原志向位相

　目の前に示された動きかた（投げかた，蹴りかた，打ちかた，受けかた）や連携プレイに対して感情的に嫌ではないというかたちですでに動感的に共感が生じ，身体状態感としては，「まねをしてみたい」とか，「やってみたい」と思う状態にある階層である。そのた

め，動きかたの感じや連携プレイの動きかたの感じがもてるような「なじみの地平」を生み出す必要がでてくる。

【例】ゲームの中の動きかたや連携プレイなどが「自分には無理だと思う」「上手く蹴れそうにない」「上手く捕れそうにない」「上手く打てそうにない」などと感じ，ボール運動と聞くだけで体育の授業が嫌だと思う子どもがいる。そのような子どもに原志向位相として「やってみたい」「できそうだ」「おもしろそうだ」という動感的共感の発生を促す動感素材や場づくりなどの指導が必要になってくる。

(2) できそうな気がする探索位相

目標とする動きかた（投げかた，蹴りかた，打ちかた，受けかた）や連携プレイでの動きかたを目指して，いろいろと試行錯誤をする状態である。そのために，今まで経験した動感アナロゴン（類似した動きかた）を用いて探りをいれ，動感の触手を伸ばして動きかたや連携プレイでの動きかたを探索する階層である。いろいろな動きかたやカンを働かせてタイミングの取り方を試す中に動感身体で何となく「わかるような気がする」と感じはじめ，タイミングの合った動きかたや連携プレイが徐々にできはじめるようになる。

【例】前方から転がってきたボールが蹴れそうかどうか，どのタイミングで蹴るかの探りを入れながら蹴ったり，遠くまで蹴ることができるかどうか試してみる。新しい蹴りかたを覚えようとするときには，いろいろと試行錯誤をしてみる。連携プレイではじめはゆっくりとひとつひとつのプレイを確認しながら投げる方向や走る方向を確かめながら行い，少しずつ相手のスピードにあわせて連携プレイができるようにする。

(3) はじめてできる偶発位相

はじめて「できる」ときの状態で偶然に「コツをつかむ」ことや何となく「カンが働いた」ことである。しかし，まだいつも「できる」という状態ではない。何となく「できそうな気がする」とか「わかった気がする」という身体状態感をもって，コツやカンをつかむためにまぐれ当たりの頻度を高める階層である。「今度こそコツをつかめそうだ」とか「情況の変化に応じて動くことができそうだ」という期待感で夢中になって習練回数を重ねていくことになる。

【例】何回か蹴ることに挑戦していると，ボールに対して足の振り下ろしのタイミングが合い，あるときに上手く蹴れることがある。しかし，毎回上手く蹴れることはなく，足の振り下ろしのタイミングが合わなくなり，また上手く蹴れなくなってしまう。さらに，転がってくるボールとの距離感やスピードがわからず軸足の着く位置もバラバラで蹴りかたの感じも一回一回まだ異なる。

(4) いつでもできる形態化位相

　やろうと思えばいつでも思うように動くことができるコツやカンの感じに出会いコツは身体化される。同時にできていたのにまたできなくなってしまうコツの危機や情況を読み間違えてしまうこともある。また，動きかたに修正を加えたり，余裕をもって動けたり，情況を明確に読めるようにするなどを目指す階層である。身体状態感としては，「できる」という確信をもって，「いつでもできる」という段階に入る。しかし，できていたことができなくなる「動きの狂い」が生じたり，「もっとうまくできるようになりたい」とか「情況をもっと的確に読めるようになりたい」など修正したり，「少しの失敗やタイミングの遅れでも立て直せる」など動きに幅をもつことができるようになっていく。

【例】目標に対していつでも上手く蹴れるようになる。そして，バウンドボールにタイミングが合わなくてもすぐにタイミングを合わせて蹴ることができるようになる。また，蹴る距離を変えたり，蹴るスピードを変えたり，目標に向かって正確に蹴ることなどを目指していく。連携プレイでもタイミングが合い確実性が増してくる。

(5) 思うようにできる自在位相

　情況を読むことで自在に動けるということ，他者との関わりの中で自ら動くのに何の心身の束縛も障害もなく，また，情況が変化しても即興的に動くことのできる階層である。身体状態感としては，感性質（自分の動きをムダがなくできる，安定してできる，タイミングよく動けるなどを感じとること）や体感能力（今ここで情況に応じて動いたり，気配を感じて動いたりする）など，情況に応じて適切な動きかたが自然に現れてくるようになる。

【例】ボールを蹴るスピードや距離に応じて，いつでも蹴ることができ，目標に対しても正確に上手く蹴ることができるようになる。また，敵に妨害されてもフェイントをかけたり，バランスを崩しても素早く体勢を立て直して情況に応じて蹴ることができる。

　本著による動感指導は，発生論的運動学の「動きの形成位相」から子どもの学習状態を把握することで指導内容を決めることになる。それによって，子どもは，目の前に提示された動きかたに対し「やってみたい」と思うようになり，その動きかたを自分のもっている運動感覚と運動能力を統覚できるように繰り返し習練することで動きを成功させようとする。そこで，偶然的にも「できた」と動きを感じ，その偶然が何度も繰り返すことによっていつでも思うような動きかたで自由自在に動くことができるようになる。このように動きかたを身につける一連の流れを動きの形成位相といい，子どもが動きを覚えるためのプロセスとなる。指導者はこの形成位相から子どもの学習状態を把握し，次なる習練課題を提示するための手掛かりとする。ここで注意しなければならないことは，指導者側の勝手な判断によって評価をするのではなく，子どもの状態を観察と交信によって，子どもがどの位相の状態にあるのか判断することである。

Ⅸ　ボール運動の覚える動感創発身体知

　ボール運動での「投げる」,「蹴る」,「打つ」,「受ける」などの基本的な動きかたを教えるためには，子どものそれぞれの動きかたの習得状態（形成位相）に応じて覚える動感創発身体知のどのような動感能力の発生・充実を目指して動感指導をするかが問題になる。覚える身体知とは，子どもや選手が動きかたを覚えるために不可欠な身体知のことである。そこには，〈今ここ〉でどのように動くのか私の身体で感じる始原身体知，私が動くときのコツをつかむ（自我中心化）身体知，情況のなかでどのように動くのかのカンを働かせる（情況投射化）身体知，さらに，より高度な習熟を目指す（洗練化）身体知がある。

　ボール運動での基本的な動きかたとして，「投げる」では，基本的な投げかた（動感形態）の一つに片手のオーバースローがある。オーバースローは目的に合わせて遠くに投げたり，速く投げたり，正確に投げたりすることができる投げかたである。また，目的によっては，フォームや両手投げ，ボールの握りかたなどいろいろな投げかたに発展していくので片手のオーバースローは基礎的な動感能力を身につけることになる。

　「蹴る」では，基本的な蹴りかた（動感形態）の一つにインサイドキックがある。これは，目的に合わせて遠くに強く蹴る場合や近くに弱く蹴る場合など，様々な場面で用いられる蹴りかたであり，最も目標に対して正確に蹴ることのできる蹴りかたである。このインサイドキックを基本に，アウトサイドキックやインステップキックなどのいろいろな蹴りかたへと発展させていくことからインサイドキックの基礎的な動感能力を身につけることになる。

　「打つ」では，基本的な打ちかたは手で打つ場合と用具を用いて打つ場合など種目によって異なる。ベースボール型のソフトボールではその場所に止まった状態で向かってくるボールにバットなどで打つ。ネット型のテニスではラケットでボールの到達点へ自分の身体を移動させてフォアハンドやバックハンドで打つことになる。バレーボールでは手でトスされたボールをジャンプして打つスパイクやサーブのようにアンダーハンドとオーバーハンドで打つなどの基礎的な動感能力を身につけることになる。

　「受ける」では，基本的な受けかたは各種目によって異なる。ドッチボールやベースボール型およびゴール型のバスケットボールなどでは，ノーバウンドの場合は胸より上の位置で捕球し，転がっているボールおよびバウンドしたボールでは腰より下の位置で捕球する。ゴール型のサッカーでは足でボールを受けたり・止めたりする。また，特殊な受けかたとしては，ネット型のバレーボールでは，オーバーハンドパスやアンダーハンドパスなどのように受けた瞬間にボールを弾き飛ばしてパスに転じるものもあることから多様な動感能力を身につけることとなる。

1.〈今ここ〉を感じる始原身体知

　〈今ここ〉での動きかた（動感形態）を感じとることができる身体知であり，いろいろな動きかたを覚えるための基盤になる身体知である。いろいろな動きかたを覚えるためには，〈今ここ〉にある私の身体がわからなければ，どのように身体を動かしてよいのかその根拠を失うことになる。そのためにも動感身体（私の動きつつある感じを感じとっている身体）を支える始原身体知が問題になってくる。この始原身体知には，二つの〈上〉を感じとる体感身体知と二つの〈今〉を感じる時間化身体知で構成され，私の身体の中で絶対ゼロ点の基準をもって〈今ここ〉を感じとることになる。

　コート内でボールを投げたり，蹴ったり，受けたりする時，〈ここ〉という場所や向きを感じ，〈今〉という時間を感じることで，どこからどこへ，いつどのタイミングでボールを投げればよいか，蹴ればよいか，そのボールをどのように受ければよいかがわかってくる。情況に応じていろいろな投げかたや蹴りかた，打ちかたを覚え，どこからどのようなボールが飛んでくるのかによって情況に応じた受けかたを覚えるための基盤となる身体知である。

　ボール運動で技能を身につけるためには，基礎感覚的運動や予備的運動を身につけておくことが重要であるといわれる。この基礎感覚的運動や予備的運動を始原身体知の視点からとらえ直すことで，その動きかたのもつ意味が明らかになり，基礎的な動きかたに必要な動感能力を発生・充実させるために，どのような動きかたを志向体験させることがよいかが明らかになってくる。

| 〈ここ〉を感じる体感身体知
①絶対ゼロ点の定位感能力
②遠近の隔たりを感じる能力
③周囲の気配を感じる能力 | | 〈今〉を感じる時間化身体知
①たった今の感じを感じる直観化能力
②流れくる未来の今を感じる予感化能力
③反転できる差異的時間化能力 |

(1)〈ここ〉で二つの上を感じとる体感身体知

　全身感覚によって，運動空間における〈ここ〉を感じとる身体知であるが，そこには〈二つの上〉を気づくことによって，どんな方向に，どれくらいの距離感をもって動くか，また，情況に応じて何となく気配を感じて動くことになる。ここでの〈二つの上〉を気づくとは，〈絶対ここ〉をゼロ点にして上下，前後，左右の方位づけがわが身にありありととらえるために，重力が作用する地球空間の天頂の〈上〉と，物体身体の頭頂の〈上〉という二つの〈原方向づけ〉を区別することのできる身体知である。そのためには，これから動こうとする動きかたを感じる〈流れくる未来の今〉の予感と今の動きかたを〈たった今の感じ〉で残す直感の時間化身体知が基盤になる。

　この身体知は，生き生きとした動きのなかで「定位感」，「遠近感」，「気配感」という動

感能力の働きによって,具体的な動きかたを生み出すことのできる能力として現れてくる。日常的な動きのなかで私たち自身は,この体感身体知を受動的地平としてあまり意識せずに気づくこともなく,あたりまえのこととしてとらえている。よく「コツの呑み込みが早い」とか「いい感覚をもっている」などの言い方はこの身体知で説明することができる。「生まれつき運動神経が鈍い」という表現は,体感身体知が空虚であるか欠落しているためである。

【例】ボール運動が不得意な子どもは,〈今ここ〉を感じる始原身体知がまだ空虚なため,向かってくるボールに対してスピード感や距離感がわからずにただ恐怖を感じている。そのために,どんな方向からどんなスピードで飛んでくるのか,どの方向に蹴ればよいのか,そのために体の向きはどのようにすればよいのかを身体で感じとっておく必要がある。技能を身につけるためには,どうしてもこの体感身体知を発生・充実させておくことが不可欠になる。

【例】ボール運動では全身感覚によって,コート内の〈今〉自分の立っている場所の〈ここ〉を絶対ゼロ点の基準にして,前後,左右,上下など空間での方向を感じとっている。コート内で〈ここ〉という自分の場所の位置関係を感じとり,周囲の敵味方の情況から目標(味方,ゴール)に対してどの方向にどれだけの距離を投げたり,蹴ったりするのかがわかる身体知である。

【例】ボールを打とうとするとき,飛んでくるボールに対して自分の身体がどのような体勢でどれくらい離れているのか,また,コート内の空間や立ち位置の〈ここ〉を感じとり,どの方向にどれくらいの距離を打てばよいかがわかる身体知である。

【例】ボールを受けようとするとき,飛んでくるボールに対してどのような体勢で前後,左右,上下にどれくらい移動すれば受けることができるのか,また,風や周りの人の気配を感じとることのできる身体知である。

❶ 絶対ゼロ点を感じる定位感能力

私たちは自分の身体のなかに〈ここ〉としての絶対ゼロ点をおき,それを基準に前後,左右,上下などの空間での方向を感じとり,自分の体勢が〈ここ〉でどのような向きになっているのかを知ることができる能力である。この能力は時間化能力を含んで,〈今ここ〉でどのような体勢からどのような体勢になりながら動いていくのか動きの経過を感じとることができる。

【例】ボールを投げるとき,目標に向かって投げようとするが,いざ足を振り上げて腕を振りかぶって投げる際に自分の体勢(足の位置,体の向き,足の振り方)がわからなくなってしまう子がいる。これは,定位感能力が空虚なためにボールを投げる方向と自分の体勢の向きとの関係がわからなくなり,ねらったところに飛んでいかないことなどが起こる。

【例】投げるときには,定位感能力によって自分がコート内のどの位置のどの向きに立っ

ているのかがわかることで，はじめて目標に対して身体をどれくらいひねって投げ
ればよいかがわかる。自分の身体の体勢や向きが目標に対してどのようになってい
るのかを感じとる定位感能力が充実していることで目標に対して正確に投げること
ができる。

【例】蹴るときには，目標に対してどんな向きでどんな体勢になっているのかを感じとる
定位感能力が充実していることで，目標に対しての踏み込み足の位置や向きがわか
り，どれくらい身体をひねってボールを蹴ればよいかがわかる。

【例】打つときに自分の〈今〉いる〈ここ〉の位置を絶対ゼロ点として空間での前後，左右，
上下などを感じとり，自分の体勢がどのようになっているかがわからなければ打て
ない。また，踏み込み足の位置や方向，目標に対してどれくらい身体をひねって打
てばボールがどの方向に飛ぶのかを感じる能力である。

【例】飛んでくるボールの落下点に入るには，自分の〈今〉の〈ここ〉を基準に前後，左右，
上下など，どの方向に移動すればよいかを感じるのは定位感能力による。さらに，
ボールを正対して受けるには，どのような体勢で受ければよいかがわかり，受けた
瞬間に自分の体勢とコートに対しての向きがどのようになっているかもわかる能力
である。

❷ 遠近の隔たりを感じる遠近感能力

　動感運動を行うとき，空間的な近さや遠さ，狭さや拡がり，時間的な短かさや長さを感
じとって，それに合わせて運動をすることのできる能力である。動きの形成位相の習熟レ
ベルによって空間，時間的な感じかたも当然異なってくる。

【例】ボールを投げるとき，相手との間に空間的な近さや遠さ，コントロールする幅の狭
さや広さを感じとり，それに応じて投げることのできる能力。それによって余裕を
もって投げるのか，力一杯投げるのかなど投げかたも変わってくる。特に遠くに投
げるときには，どれくらいのテイクバックをするかなどを決めるのは遠近感能力に
よる。

【例】ボールを蹴るとき，相手までの空間的な近さや遠さをとっさに感じとり，それに合
わせた蹴りかたをする。また，強く蹴るのか，弱く蹴るのかを判断し，どの蹴りか
たが最も適した目的に合った蹴りかたになるかを選ぶときにもこの遠近感能力が基
柢になる。

【例】ボールを打つとき，飛んでくるボールとの空間的な近さや遠さ，スピードをとっさ
に感じとり，それに合わせ打つことができるのは遠近感能力が働いているからであ
る。また，飛んでくるコースを先読みしてどのような打ちかたが最も適した打ちか
たかを判断して選ぶのもこの遠近感能力が基柢になる。

【例】ボール運動で受けるときに，キャッチするタイミングが上手く合わない子どもがいる。
この場合は，飛んでくるボールのスピードや距離感がわからず，ボールを受ける時

間的なタイミングが合わないなど遠近感能力が空虚なために先読みができない。
【例】飛んでくるボールを受けるには，遠近感能力によってどのように飛んでくるのかを感じとり，余裕をもって受ける準備をする。ボールを上手く受けることができないときは，飛んでくるボールが遠くに感じたり，速く感じたりして遠近感の先読みができないことによる。ボールを受けるには，飛んでくるボールに対しての空間的な近さや遠さ，時間的な速さや遅さを感じとることのできるのは遠近感能力を充実させることになる。

❸ 周囲の気配を感じる気配感能力

周界情況からのかすかな気配でもとらえることができる身体知である。ゲームの中で相手や味方の動きから背後の気配を感じてどこにパスを出すと成功するか，失敗しそうだなどを感じとることのできる能力でもある。

【例】ボールを投げるとき，背後に敵が迫ってくるのを感じていなければ，投げる前にボールを奪われることになる。また，ボールを投げる時は，投げる相手（場所）との距離（位置）関係は遠近化能力に支えられて決めることになるが，この距離に対してこの力加減でよいかどうかを感じとるのはこの気配感能力が働いている。ゲーム中にパスを出そうとして準備に入るが，相手の気配を感じたのでパスコースを変える。この気配感能力が空虚であると実際に相手にカットされることになる。

【例】フリーキックやペナルティーキックなどの目標にボールを蹴るとき，上手くボールが蹴れそうだとか，失敗しそうだなどを感じるのもこの能力である。

【例】相手がどのようなボールを投げようとしているのかを感じとり，どのような立ち位置で構えて打つか，「何となく構えがしっくりいかない」と感じることなど，周囲から発信される目に見えない情報を気配感として感じる能力である。

【例】ボールを受けるときに後ろ側にいる敵のプレイヤーの気配を感じとることで，瞬間的に敵を交わしながら受けることになる。また，味方同士で気配を感じどちらが受けるかを瞬間的に判断するのもこの気配感能力である。

(2) 〈今〉を二つの今で感じとる時間化身体知

〈今〉という時間を感じる能力で動感運動するときの基本になる身体知である。この〈今〉は，〈流れくる未来の今〉と〈たった今の感じ〉の未来と過去を含んだ幅をもつ〈二つの今〉である。この身体知は，「〈たった今の感じ〉を感じる直感化能力」「〈流れくる未来の今〉を感じる予感化能力」「直感と予感を交互に感じる差異的時間化能力」によって成り立っている。

【例】投げようとする時，いつどのタイミングでどこに投げるかといった未来を〈流れくる未来の今〉で感じながら，投げる瞬間に投げた後の感じをつなぎ止める〈たった今の感じ〉を残す時間化身体知である。

【例】ボールを受けて投げようと組み合わせる時，どんな受けかたをしたのかの動きの感じをつなぎ止めて，どんな感じで投げるのかといったこれから起こる未来の投げかたの感じを〈流れくる未来の今〉ともに私の身体で感じとっているのが時間化身体知である。

【例】いつどのタイミングで打つかを〈流れくる未来の今〉で感じながら打つ瞬間にボールとのミートの感じが〈たった今の感じ〉で動感意識ができる身体知である。

【例】ボールを受けるタイミングや受けてから投げ（蹴る）たりする組み合わせでのスムーズな動きかたの基本となるのが時間化身体知である。

❶〈たった今の感じ〉を感じる直感化能力

〈今〉動いた感じをとらえる能力として，今しがた過去に過ぎ去った動きの感じを〈たった今の感じ〉に残して動きかたの感じを動感メロディーでとらえる身体知である。この身体知が空虚な場合，運動経験がすべて過去に沈んだままになり，〈今〉行った動きの感じを残すことができず，次に行おうとするときにその動きの感じを生かすことができない。「身体で覚える」ということは〈たった今の感じ〉を感じる直感化能力が働くことであり，「今，コツがわかった」というときに働いている。

【例】ボール運動で上手く投げられた，蹴ることができた，飛んでくるボールを上手くキャッチできた，打てたときに，どうして上手くできたのかその動きの感じがよくわからない子どもがいる。そのような子どもに「今どのようにしたの」と質問しても「わからない」としか答えない。それは〈たった今の感じ〉を残す直感化能力がまだ空虚なのであって，動きの中で今しがた過ぎ去った〈たった今の感じ〉の動感意識を志向することで〈たった今の感じ〉を残す直感化能力が発生・充実してくる。

【例】ボールを投げる瞬間のリリースの感じやどんな投げかたをしたのかの感じを〈たった今の感じ〉でとらえる能力である。それによって上手く投げることができたか。手からすっぽ抜けたとか，手に引っかかったとか，しっかりスナップがきいていたとか，自分で意識したタイミングで投げられたかどうかなど今しがた過去に過ぎ去った動きの感じを再確認することができる。この〈たった今の感じ〉を感じる直感化能力が空虚であれば，自分の投げかたの感じがわからず再認化能力も働かない。動感感覚の価値意識の基盤になる能力である。

【例】ボールを蹴った後に，どのような蹴りかたをしたのかの感じを〈たった今の感じ〉でとらえる能力である。どのような強さでどのようなイメージで蹴ったら，ボールはどのように飛んでいったのか，そしてその時のボールを蹴る感覚はどうだったのかを動感メロディーでとらえ，残すことのできるのが〈たった今の感じ〉の直感化能力である。

【例】ボールを打った瞬間にどんな打ちかたをしたのかを〈たった今の感じ〉で感じることができる能力である。上手くヒットできたとき，どんな感じで打ったのかを動感

メロディーとして残し，どのようなイメージでどのように打ち，ボールはどのように飛んだのか思い起こすことができる。そして，その時の打ちかたの良し悪しを動感価値覚として感じとることができるのはこの〈たった今の感じ〉の直感化能力が基盤になっている。

【例】ボールを受けた瞬間にどんな感じの受けたかをしたのかがわかる能力である。しっかりと受けることができたかなどその受けたときの感じを〈たった今の感じ〉に残しながら，それを動感メロディーとしてとらえることのできる能力である。

❷〈流れくる未来の今〉を感じる予感化能力

これから未来に起こる動きに〈流れくる未来の今〉のなかで探りを入れることのできる能力である。「私が動ける」というとき，どんなときでもすべて未来に向かって〈流れくる未来の今〉のなかで動いており，未来においてその動きかたは完結することになる。このように，来るべきものへと方向づけられた私の動きかたも，変化する情況に応じた動きかたも，それらすべて〈流れくる未来の今〉として探りを入れる能力が働いている。運動するときにはこの身体知が決定的な意味をもってくる。

【例】目標に対してボールを投げようとするとき，どのような軌道でどのような球種の投げかたをするかなど投げる感じを〈流れくる未来の今〉のなかで探りを入れ，投げかたを選択，判断して投げることのできる能力。目標となる対象が移動しているときには，移動する場所を予測してどの方向にどれくらいの距離で，どのタイミングで投げるかの探りを入れることになる。ボールを投げる準備局面には必ず〈流れくる未来の今〉を感じる予感化能力が働いている。

【例】ボールを蹴ろうとするとき，目標に対してどのような感じでどんなボールを蹴るのかといった蹴りかたの感じを〈流れくる未来の今〉で探りを入れることのできる能力であり，先読み能力の基柢になる。目標となる対象がどこに移動するのか，移動するところに適切なタイミングで蹴るために未来を予測して先読みするとき〈流れくる未来の今〉を感じる予感化能力が働いている。

【例】ボールを蹴るとき，蹴りだしの足の振り下ろす方向などを〈流れくる未来の今〉のなかで探りを入れ，軸足の着地位置をすでに準備して足を降り下ろす。軸足の着地位置を先読みしないで蹴り足を振り下ろしてしまうと，ボールを上手く蹴ることができずにねらったところに蹴ることができない。このような子どもは，〈流れくる未来の今〉を感じる予感化能力が空虚な状態にある。

【例】飛んでくるボールに対してどんなタイミングでどのように打つのか〈流れくる未来の今〉のなかで予感メロディーを奏でることができる能力である。ボールを打とうとするとき，これまでの〈たった今の感じ〉の直感化能力で感じたことを基に，変化する情況に応じてどのような打ちかたをするのかを〈流れくる未来の今〉を感じる予感化能力で探りを入れる。それによってこのような感じで打とうと準備ができ

る能力になる。

【例】飛んでくるボールに対して，どのような受けかたをするかを〈流れくる未来の今〉の動感意識のなかに探りを入れ，どんな受けかたならできるかの触手を働かせる能力である。どの方向からどんなスピードでどのような状態で飛んでくるのかを遠近化能力によって判断し，このような受けかたならできると先読みできるようにするには〈流れくる未来の今〉を感じる予感化能力を充実させることになる。

❸ 直感と予感を反転できる差異的時間化能力

〈たった今の感じ〉の直感と〈流れくる未来の今〉の予感の動感意識が切り替わる〈現れ〉と〈隠れ〉の差異化現象としてとらえることのできる能力である。直感と予感は同時に意識に登ることはなく，どちらかは意識の裏に隠れて，必要なときに意識として現れる。

【例】ボールを投げようとする時，目標に対してどのように投げたらよいか，またボールの軌道などの先読みによって運動は常に未来に向かって〈流れくる未来の今〉の予感が働き，〈たった今の感じ〉の直感が背景に隠れて意識されない。投げるときには，どのような投げかたをしたのかといった投げかたの感じが〈たった今の感じ〉の直感に動感意識として現れる。投げかたの修正を行う場合，投げるときの〈たった今の感じ〉の直感が現れなければ修正する根拠を失うことになる。

【例】ボールを強く蹴るときには助走から軸足の踏み込み局面で〈流れくる未来の今〉を感じる予感化能力が決定的な働きをする。助走しているとき予感によって軸足の踏み込み位置の先読みが行われ，踏み込んだときには踏み込み足の位置が正確かどうかを〈たった今の感じ〉の直感によって意識する。蹴り足においても予感によってインパクトの先読みが意識され，直感は背景に隠れるがインパクトでボールを捕えたときに意識にのぼる。このように動感意識は常に未来に向かって，〈流れくる未来の今〉を感じる予感が働き，〈たった今の感じ〉の直感が背景に隠れる。しかし，踏み込み足の位置を修正するとき，踏み込んだ足の位置が直感としての意識にのぼらないと修正する根拠を失うことになる。そのため，動きのなかで瞬時に〈たった今の感じ〉の直感に意識を反転できる能力が重要になる。

【例】ボールを打つときのテイクバックから前方へのスイング局面では，〈流れくる未来の今〉を感じる予感化能力が決定的な働きをする。テイクバックをしているときには前方へのスイングの先読みに入っており，スイングのときには，インパクトの先読みが行われ，インパクトの感じは背景に隠れる。このことから動感運動は常に未来に向かって，〈流れくる未来の今〉を感じる予感が働き，直感が背景に隠れて意識されないが，打った瞬間の感じは〈たった今の感じ〉の直感が意識に昇る。スイングの修正を行う場合，インパクトでの感じを〈たった今の感じ〉の直感としての意識にのぼらないと修正の根拠を失うことになる。そのため，動きのなかで〈たった今の感じ〉の直感を意識する反転できる能力が重要になる。また，テイクバックから

前方へのスイングを修正するときには，テイクバックの体勢がどのようであったかを〈たった今の感じ〉の直感で意識することができなければ次に修正することができない。

【例】ボールを受けようとするときには〈流れくる未来の今〉を感じる予感化能力によって準備体勢をとるが，ボールを受けた瞬間に〈たった今の感じ〉を残す直感化能力によってどのような受けかたをしたかを意識する。それによって次の投げかたや蹴りかたをどのように準備するかといった〈流れくる未来の今〉を感じる予感化能力に素早く動感意識を切り替える（反転する）ことになる。

2. 動きかたのかちをつくる形態化身体知

目的とする動きのかたち（形態化）をつくり出すことのできる身体知である。形態化という表現は，いろいろな動きに一つのかたちを与えて，その動きに意味づけをすることである。この身体知には，コツ身体知とカン身体知によって構成され，それは裏表一体の関係でどちらかが意識にのぼるとどちらかは背後に隠れる相互隠蔽原理によって支配される。

【例】基本的な投げかたや目的に応じてゲームで必要ないろいろな投げかたを身につける身体知である。投げるにはいろいろな投げかたがあるが，たとえば，片手で上から投げるかたちにオーバースローという名前をつけてその投げかたに意味をもたせている。その投げかたは動きの感じを身につけることで作り出され，情況の変化に応じて投げることができる。

【例】蹴りかたには，いろいろな蹴りかたがあるが，インサイドキックという蹴りかたには正確にパスをするという意味をもたせている。それ以外にも，ゲームなどで目的に応じた蹴りかたを身につける身体知である。

【例】打つにはいろいろな打ちかたがあるが，ジャンプして手で打つ場合はスパイクといい，バット，ラケット，クラブで打つ場合はスイングという動きかたに意味をもたせている。そして，その打ちかたは動きの感じを身につけることで作り出される。

【例】受けかたには，手で受ける，足で受ける，身体で受ける。さらに片手，両手，片足，両足で受けるなどその受けかたにはいろいろな意味をもっている。その受けかたは，どのような感じで動くのかといういろいろな受けかたの動きを情況に応じて身につける身体知である。

コツの自我中心化身体知		カンの情況投射化身体知
①誘いの触発化能力 ②評価の価値覚能力 ③メロディーの共鳴化能力 ④たしかめの図式化能力		①動感を伸ばす伸長能力 ②先読み能力 ③シンボル化の情況把握能力

(1) コツがわかる自我中心化身体知

「私が動くことができる」という私の身体そのものに向けられた動きかたのコツに関わっての身体知である。このコツ身体知は，始原身体知を基柢にして，動きかたの動感能力を発生・充実させるための中核になる身体知である。

「私はこのようにボールを投げる，蹴る，打つ，受けることができる」という私の身体に向けられた動感意識によっていろいろな投げかた，蹴りかた，打ちかた，受けかたのコツに関わる身体知である。

❶ 動きかたに誘われる触発化能力

「そのように動きたい」とか「今の動きかたよりもっとうまく動きたい」といった動きかたへの関心や動機づけによって，自分の動く感じに意識を向ける能力である。この能力はコツの発生への努力を支えることや同じ動感運動を繰り返してもそのなかに動感を比較することで動感差に気づきはじめる能力も含んでいる。

【例】子どもが新しい投げかたやもっと上手に正確に投げたい，もっと遠くに投げたいなどゲームのなかで求められるいろいろな投げかたに関心をもち，そのような投げかたに対して目標をもって意欲的に取り組むことのできる能力である。

【例】蹴りかたのコツを掴むためには，もっと上手に蹴りたい，もっと遠くに蹴りたい，いろいろな蹴り方ができるようになりたいなど蹴りかたに対しての関心や動機づけによって意欲的に取り組むことのできる能力である。この能力は蹴りかたのコツの発生への努力を支えることと繰り返し蹴るなかにその動感を比較することで動感差に気づきはじめ，コツを掴むきっかけになる。

【例】脚を使ってのリフティングが初めて数回できたとき，いつでも何回でもできるように繰り返してそのコツを掴もうとする。その時，一回一回の蹴りかたの感じの（動感）差に気づきながらコツを掴むことになる。また，指導者がどんな感じであったかなどの問いかけに対して，その動きかたに意識を向けることで，新しい蹴りかたの感じの動感を知ることができる。

【例】打ちかたのコツを掴むには，いろいろな打ちかたを試したり，上手な人の真似をしたりしてもっと上手にいろいろな打ちかたができるようになりたいという関心や動機づけによって，自分の打ちかたに動感意識を向ける能力である。この能力はコツの発生への努力を支えることや同じ打ちかたを繰り返してもそのなかに動きの感じを比較する動感差に気づきはじめる能力も含んでいる。

【例】いろいろな球種のボールを受けるなかで「このような受けかたをしたい」とか「今の受けかたよりもっとうまく受けたい」といった動きかたに対しての関心や動機づけによって，意欲的に自分の動く感じを知ろうとする能力である。新しい受けかたを覚えるときやもっとうまくなりたいと思うときは，一回一回の動感差に気づき，

うまく受けることのできるコツを探すために，繰り返しどう動けばよいかを求めて努力する能力となる。

❷ 動きかたを評価する価値覚能力

　自分の〈今ここ〉での動きかたに対して，快く動けることや動きやすさなど，また，気持ちの悪い動きかたや何となくしっくりいかないなど何らかの評価を行う能力である。私たちは何気ない動きかたのなかに，「動きやすさ」や「何となくしっくりしない気持ち悪さ」をともなう心情的な意識をもつ。よりうまく動きたいと願って目標とする動きかたを求めて動きつつ感じ，感じつつ動くことを繰り返し行うなかで，偶然にコツに出会う可能性がある。そのときうまくいった動きの感じを評価することで動きかたを修正したり，いろいろと工夫することになる。

【例】今の投げかたは気持ちよく投げることができた，しっかりと腕を振ることができた，手首のスナップが使えた，手からボールを放すタイミングが早かったなどの投げかたの動きの感じに対して価値を感じる能力である。それは次の習練目標に対して修正のための動きの感じを探すのに必要な能力になる。

【例】自分の蹴りかたに対して，タイミングよく正確に蹴ることができているかなど何らかの評価を行うことで，次のコツを探すために〈今〉の蹴りかたに対して，うまくボールにヒットできたか，しっかりと足を振ることができたか，足首の角度はどうであったか，力を入れるタイミングはどうであったかなど，蹴りかたの動きの感じに対して評価をする。蹴りかたの動感を頼りに振り返ることで蹴りかたを修正したり，いろいろと工夫したりするのに必要な能力になる。

【例】気持ちよくボールをヒットできる打ちかたができた，しっかりと腕を振ることができた，スイングの向きが悪かった，力を入れるのが早すぎたなど，次のコツを探すために動きかたを評価することで打ちかたをいろいろと修正や工夫することになる。

【例】タイミングよくボールを受けることができたか，状況を判断しながら次の投げかたや蹴りかたにタイミングよくスムーズに組み合わせることができたかなどの評価することのできる能力である。この能力によって失敗しない受けかたのコツを探してどのような受けかたをすればよいかの動感意識を働かせることができる。

【例】バレーボールのオーバーハンドパスで膝の使い方と，手の突き放しのタイミングが上手く合うとスムーズにパスができる。そのとき，膝の伸ばしや手の突き放しのタイミングの感じを一回一回評価することでコツを探すことができる。

❸ 動感メロディーを流し出す共鳴化能力

　これから動こうとする動きかたのなかに新しい動感メロディーを流し出せることのできる能力である。動感メロディーとは，私が動きつつあるなかで，こんなリズム感でこのように動こうと「はじめから終わりまで」の動感をひとつのまとまりにして，動きの感じをメロディーとして奏でることである。

【例】これから投げようとするなかに新しい動感メロディーで投げることができる能力である。コツがわかるためには，いろいろな投げかたのなかから感覚的に共通の動感メロディーを感じとることができる。また，不調和な動感メロディーとは区別することできる。上手投げで得た動感メロディーを横投げ下手投げでもその動感メロディーを奏でることで，投げかたのリズムやタイミングのコツを覚えることができる。

【例】ボールを蹴ろうとするとき，軸足の着く位置を先読みして，脚のバックスイングからの前方に足の振り下ろし，インパクトからフォロースルーまでのはじめから終わりまでどんな感じで蹴るかの動感メロディーを奏でる。

【例】インサイドキックで身につけた動感メロディーをアウトサイドキックやインステップキックにも応用することで，力の入れるポイントやタイミングを覚えることができる。

【例】こんな打ちかたでこのタイミングで打とうと考え，はじめから終わりまでを一つのまとまりにして動感メロディーを奏でることのできる能力である。フォアハンドで得た動感メロディーをバックハンドなど新しい打ちかたにも応用することができるように動感メロディーを奏でる。

【例】新しく覚えたい受けかたやこれから受けようとする受けかたに対して，どんな感じでどのタイミングで受けるのかを動感メロディーとして流し出すことができる。この能力によっていろいろな異なる球種のボールを受けるときにも感覚的に共通の動感メロディーを奏でて受けることになる。

❹ コツを確かめる図式化能力

いろいろなコツに出会うが，その中でも外すことのできないポイントのコツを確認して，はっきりと意識することのできる能力である。失敗したときなどに，どのような動きの感じのコツが欠落していたのかを確認して，欠落していたコツを忘れないように確かめ，確実にできるようにする。

【例】投げかたを覚えようとするとき，いろいろな投げかたのコツに出会うが，そのなかで外すことができないポイントとなるコツを動感意識として確認できる能力。投げかたのタイミングなどが狂ったときにポイントとなるコツを確かめ，忘れないようにすることのできる能力である。

【例】いろいろな蹴りかたのコツに出会うが，その中で外すことのできないポイントのコツを確認して，はっきりと意識することのできる能力である。蹴りかたで失敗したときなどに，どのような動きの感じのコツが欠落していたのかを確認して，欠落していたコツを忘れないように確かめ，確実にできるようにする。ねらったところにいつでも蹴れるようにするためには蹴る前の開始体勢で助走と身体の向き，踏み込み足の位置と脚を振り出す方向を動感意識として確認しておくことになる。

【例】ボールを打つときに，いつでも打てるようにするために打つ前の開始体勢で，テイ

クバックからスイング時での重心（体重）移動と腰の回転のしかたとインパクトのポイントからフォロースルーを確認しておくことになる。

【例】ボールを打っているときにいろいろなコツに出会う。その中で外すことのできないポイントのコツを確認して，はっきりと意識することのできる能力である。打ちかたで，失敗したときなどに，どのようなコツが欠落していたのかを確認して，欠落していたコツを忘れないように確かめ，確実にできるようにする。また，ねらいとする打ちかたがいつでも打てるように開始体勢で身体の向き，バックスイングでの準備，切り返しや打ち出すタイミングなどについて確認することができる。

【例】いろいろな球種のボールを受けるとき，その球種に応じた受けかたのコツに出会うことになる。そのなかで外すことができないポイントになるコツを動感意識として確認することのできる能力である。それは飛んでくるボールに対して身体の向きやボールとの間合い，手を出すタイミングなどを確認することになる。

(2) カンを働かせる情況投射化身体知

ゲームのなかで情況の変化を先読みすることができ，それに応じた投げかたを選び，判断して実行に移せる身体知である。

❶ 身体の先に動感が伸びる伸長能力

いろいろな情況のなかで動こうとするとき，動きの感じが皮膚表面を超えて，その先の対象まで伸長して「私はそのように動ける」と感じる能力である。自分の動きかたに対して改めて意識しなくても，私はそのように動けるというコツ身体知を基盤にして，私の身体それ自身の先まで動感が伸びる徒手伸長能力と身につけた事物や手具まで動感が伸びていく付帯伸長能力がある。

【例】いろいろな情況のなかでボールを目標に投げようとするとき，自分の身体を超えて対象となる目標まで動感が伸びる能力である。目標に向かってボールを投げるとき，手から放れたボールが目標に向かって飛んでいくように動感を伸長させて投げることになる。

【例】いろいろな情況のなかでボールをコントロールして蹴ろうとするとき，ボールを蹴った感じが足の皮膚表面を超えて，その先の対象まで伸長してそのような軌道で飛んでいくように蹴ることのできる能力である。私が蹴ったボールが目標に向かって飛んでいくように蹴るときにその感じをボールに伸長させて蹴ることになる。

【例】いろいろな情況のなかで飛んでくるボールを打とうとするとき，ボールを打つ感じが皮膚表面を超えて手の先や用具まで伸長し，そのボールの打つ感じをはっきりととらえることのできる能力である。

【例】いろいろな情況のなかで飛んでくるボールに対して，私の身体から時間的，空間的にボールを受けることができるかどうかの動感志向が投射され，選択と判断によって

実現可能性を読み切る能力である。そこにはコツの身体知が同時に居合わせて，飛んでくるボールに「そのように受けることができる」という動感を伸長させながら受ける準備態勢をつくることになる。

A．自らの身体の先まで動感が伸びる徒手伸長能力

いろいろな情況の変化を察知し，時間的，空間的に自分の動ける範囲はどこまでかを身体の先まで動感を伸ばす能力である。それによってどのように動けばよいか，どんな動きかたができるかを判断する。

【例】ボールを受けるとき，情況や変化を察知し，どれくらい手を伸ばしたり，足を踏み出したりすれば敵の防御を避けて受けることができるかを判断することができる。

【例】ドリブルでボールが足から離れても，動感意識が自分の足の先からボールまで動感が伸びて，時間，空間の範囲を感じとることでいつでもボールをコントロールすることができる。

【例】バレーボールやテニスにおけるサーブのときにボールを頭上に挙げたときインパクトの位置をすでに感じとっている。さらに，打ちたい方向に対してフォロースルーの動きの向きをすでに感じとっている。

【例】トスで上げられたボールを手で打つとき自分の身体から伸びた動感によって，ボールを打つことができる範囲を感じとることができる。

【例】飛んでくるボールに対して，自分が受けることのできる範囲がどこまでかを動感志向として投射することのできる能力である。ボールを受けるためには，「このような受けかたで受けることができる」というコツの身体知に裏づけされて，どれくらい前後左右に移動して腕を伸ばせばよいか，どれくらいジャンプすればよいかを身体の先まで動感志向性を伸ばすことで判断する能力である。ゴールキーパーが守備範囲を確認しポジション決めるときに動ける空間の範囲を感じとっている。

B．ボールやラケットにまで動感が伸びる付帯伸長能力

私自身が持っているボールや手に持つ用具が自分の身体の一部となって，そのボールや用具にまで動感を伸ばす能力である。その人の動感形成位相のレベルに応じて動感の伸びかたは異なってくる。

【例】目標に向かって投げた直後に自分の投げた感じがボールに乗り移って，対象となる目標に到達するまで投げた感じを伸ばすことできる。コントロールして思いどおりに投げることができたかを感じる。ゲームのなかでは，情況は常に変化していることから，どこにどんなボールを投げるかを先読みして，そこに思いどおりに投げる。バスケットボールのシュートでゴールにシュートインする放物線の感じをもたせて手からボールを放っていく。

【例】どのようなボールを蹴ろうとしたのか，蹴った直後のボールに自分の動感意識が乗り移り，ボールが目的に到達するまでその蹴った感じを軌道に重ね合わせて感じと

っている。

【例】バットでの打つ瞬間にインパクトの感じとそのボールがどこにどのように飛ぶかを感じとって打っている。

【例】ラケットでボールを打つとき，ラケット面でどんな打ちかたをしようとするのか，打った直後にどんなボールが打てたのか，自分自身の動感意識がボールに乗り移り，ボールが目的に到達するまでその軌道を感じとることができる。

【例】自分の手足に直接に身につける物（グローブ）や手に持つ用具（ラケットなど）にまで動感が伸長し，自分の身体の一部となって受けたときの感じがどうであったを感じる能力である。グローブの先でボールを受けたり，ホッケーやラクロスなどのスティックでボールを受けたりするときにこの能力が働く。

❷ 先のことを読む先読み能力

これから未来に起こる私の運動に対して，私自身がどのように動くのか，あるいは，周囲の情況に関わってどのように動くのかを先読みする能力である。〈今ここ〉を感じる始原身体知の〈二つの今〉を感じとる時間化身体知によって〈流れくる未来の今〉（予感）に探りを入れる作用の働きによって情況を判断する。そのなかでいろいろな可能性をもつ動きかたや関わりかたのなかから，もっとも有効な動きかたを選択し，その実現可能性を読み切ることのできる能力である。この能力にはあらかじめ先を読める予描先読み能力と即座に読める偶発先読み能力がある。

【例】情況が変わるなかでどんな蹴りかたが情況に応じた蹴りかたなのか，いろいろな蹴りかたのなかからもっとも有効な蹴りかたを選択し，成功の可能性を読み切ることのできる能力である。

【例】これから起こる私の打ちかたに対して，どのように打つのか，あるいは，相手の情況の変化に対してどのような打ちかたをすればよいかを先読みができる能力である。いろいろな情況の変化を読むことで有効な打ちかたを選択し，それを実現できるような打ちかたを先読みする能力である。

【例】飛んでくるボールを受けるとき，ボールの軌道や落下地点を先読みしながらこれから起こる〈流れくる未来の今〉の受けかたに対して，どのような受けかたをすれば確実に受けることができるかを選択する能力である。

A. 予め先を読める予描先読み能力

これから起こる未来の動きかたをあらかじめ先読みする能力である。この能力は，これから起こる情況の変化に対して動きかたを常に予期することの習練によって空虚から充実へと進む。それによってゲームで相手や味方の動きの意識に潜入し，めまぐるしく変化する情況のなかで相手や味方がどのような意味をもって動こうとしているのかを一瞬に読み解くことができる。

【例】ボールゲームにおいて相手が次にどのような動きかたをするのか，どこにパスをす

るのかを読むことでパスカットや相手の裏をかく動きができる。
- 【例】めまぐるしく情況が変化するゲームのなかで相手や味方がどのように動こうとしているのかを相手や味方の動感意識に潜入させてあらかじめ先を読むことが必要になる。それによってどこにどのような投げかたをすればよいかを先読みして投げることのできる能力である。
- 【例】情況の変化に対してどこにパスを出すかを相手の間合いを見て判断し，その情況に応じた蹴りかたを選択できるのがあらかじめ先を読める予描先読み能力である。
- 【例】相手の動きを一瞬に見抜いて，どこにどのように打つかを選択して，それに応じた打ちかたができる能力である。
- 【例】情況を判断しながら飛んでくるボールに対してどのような受けかたをするか，未来の受けかたをあらかじめ先読みしながら受けることのできる能力である。それは習練によって「このような受けかたをしよう」とその実現の可能性が充実していくことになる。

B. 即座の変化を読める偶発先読み能力

突発的な情況変化に対して，即座に先読みをする能力である。突然の情況変化に対して，即座に決断し，同時に「私はそのように動ける」ものではなければならない。この能力は〈今ここ〉を感じる始原身体知の気配を感じる能力や〈二つの今〉を感じる時間化身体知と絡み合っている。

- 【例】不意に失敗したときやバランスを崩したときに体勢を立て直すときに働く能力である。対人競技やボールゲームでは瞬間に情況が変わるため，この能力は随所に求められる。ボール運動での多彩なフェイントは即座に読める偶発先読み能力の勝負になる。
- 【例】ゲームのなかで突発的な情況の変化に対して，即座に決断し，瞬間的に対応して目的に応じて投げることのできる能力である。
- 【例】突然の情況変化に対して，即座的に決断し，その変化に対応して蹴ることができなければならない。ボールゲームではディフェンスがオフェンスの動きに対応するためにこの能力は随所に求められる。
- 【例】突然に飛んでくるボールがバウンドで変化するときなど即座にそれに対応した打ちかたができる能力である。
- 【例】いくら情況判断をしていても不意にボールのバウンドが変わったり，相手のフェイントでタイミングを外されたりする。そんな突発的な情況の変化にも即座に対応してボールを受けることのできる能力である。ゲームのなかでは，「カンがいい」と言われる。

❸ 情況の変化を把握するシンボル化能力

私の身体を取り巻く情況の流れを敏感に読み解き，それをシンボル化された原理に基づ

いて，同時に適切に動くことのできる能力である。この能力は動感が伸びる伸長能力と先読み能力が相補的関係をもっている。シンボル化とは，動感運動（動ける感じが息づいている現実の運動）の情況からキャッチする視覚的，聴覚的な感覚質情報によって，これまでに経験した類似の攻防のフォーメーションの意味構造をそこに読みとり，そこに共通する原理を見つけることである。この人間固有の情況を把握するシンボル化能力はカン身体知において決定的な重要さをもっている。この能力には，情況を判断する情況シンボル化能力と情況を感じとる情況感能力がある。

A. 情況の変化を判断する情況シンボル化能力

刻々と変化する多様な情況のなかから視覚的，聴覚的な感覚質情報によって次の情況の変化をシンボル化することで攻防の意味構造を読みとる能力である。

【例】対人競技やチーム競技では，常に情況が変化している。そのため感覚質情報の数が増え，無限に千変万化していく情況の変化に対応するためには，シンボル化された情況判断能力というものが必要になる。ディフェンス側の個々の動きから相手の次のフォーメーションのかたちを読みとることができる。

【例】背後から相手チームの全体の動きをうかがいながらボールを保持している相手がどこにボールを投げようとしているのかを判断する。ゲームで自分がターゲットになりそうかどうかを情況から判断する。盗塁をすべきかどうかの情況を判断する能力が必要になる。

【例】ディフェンス側の動きから与えられる情報によって，相手チームの次のフォーメーションを読みとり，味方の誰にどのようなボールを投げる（パス）のかなど情況に応じた投げかたを判断することができる能力になる。

【例】味方や相手側の動きから与えられる情報を基に味方や相手の次のフォーメーションを読みとり，どこに動いてパスを受け捕ればよいか，どこでパスカットをすればよいかといった情況を判断する能力である。

B. 情況の変化を感じとる情況感能力

ゲーム全体の情況を把握するとき，「そんな感じがする」「そんな気配がする」という情況の変化を動感で探る触手の働きによって，情況に最適な動きかたの決断と遂行が求められる能力である。一般に，ゲーム感，試合感と呼ばれる。体感や時間化の始原身体知，さらに，伸長能力，先読み能力などの多くの身体知と絡み合いながら統合的に生かされて実践される。

【例】ゲームの流れを読む。勝負勘，試合感。チームのリードマン，司令塔などに求められることになる。

【例】一般的にゲームの流れを読み，速攻か遅攻か，捕球したボールをどこにパスをして攻撃のパターンをつくるかなどリードマンに求められる。

3. 動きのかたちを仕上げる洗練化身体知

　より上位のよりよい身体知の形成を求めて，動きかたの仕上げ（洗練化）のために修正するという機能をもちながら，より上位の新しい動きかたを生み出すことのできる洗練統覚化身体知である。いちおう動きかたができるようになったとしても，この身体知は洗練させるために，修正を重ねてより高度な洗練化を目指すことになる。そこでは古い私の動きかたを捨て，新しい動きかたを発生させるための努力を欠くことができない。よりよい投げかたや蹴りかた，打ちかたや受けかたのフォームに仕上げていくことは，それ自体が修正化の働きをもち，さらに洗練化していくことになる。そこでは，上位の洗練された動きかたをめざし，無限の循環性を示すなかに常に自在位相からふたたび原志向位相への位相の回帰性が働いている。

(1) 動きかたの仕上げの起点づくりの洗練起点化身体知

　動きかたの仕上げ（洗練化）をするために何が問題なのかという問題点を知る身体知である。この身体知は調和を感じる調和化能力と動きの感じを消し去る解消化能力と動きの違いを感じとる動感分化能力によって構成される。

【例】目的に応じた投げかた，蹴りかた，打ちかた，受けかたを仕上げる（洗練化）ために，何が問題でどのような欠点があるのかがわかることでその動きかたを修正したり，改善したりするための起点になる身体知である。

❶ 動きに調和を感じる調和化能力

　動きかたの全体がうまく調和しているか調和していないかを感じとる能力である。心地よい，スムーズな動きかたの快感情を自分の身体で感じたり，動きかたに違和感を感じたりして気持ちよくないなど動きかたを評価する価値覚能力によって，動きやすい動感意識を求めて調和した動きかたを私の身体で了解することである。この能力は，修正するために最初の動きかたのチェックする機能をもって，問題点を発見することと出来具合がどうかの評価する機能を併せもつことになる。

【例】投げかたで腕の振りと胴体のひねり，ボールを放すタイミングなど，動きかたが全体にスムーズにうまく調和しているか，調和していないかを感じとる能力である。

【例】蹴りかたの動きが調和してタイミングよく蹴ったとき，ねらったところに蹴ることができるが，踏み込みから足の振り下ろしのタイミングがずれるとミスキックとなってねらったところに上手く蹴ることができなくなる。

【例】上手くねらったところに蹴ることができたときは，自分の身体で快感情の調和を感じる。上手く蹴れなかったときには，その蹴りかたに対してチェックをして，上手く調和した蹴りかたと比較しながらその違いを探すことになる。

【例】ねらったところにタイミングよく打つことができたときには，自分の身体に調和し

た動きの感じを残し，上手く打てなかったときの動きかたの動感意識と比べて，どんな動きかたが調和した打ちかたかを私の身体で了解することになる。

【例】ボールを受けたときに全体的にスムーズにタイミングよく受けることができたか，受けてから次の動きかたにスムーズに移行して連続した動きとしてうまく調和していたか，調和していなかったかなどを感じとる能力である。

❷ 動きの感じを解消できる解消化能力

いったん身につけて習慣化した動感意識を解除して，消し去ることができるかどうかの能力である。動感運動をまとまりある動きかたとして苦労して定着させたものを自ら破壊しなければならないという矛盾した性格をもっている。定着している動きかたをなぜ解消するのか，その動機づけや修正する価値意識が発生していない場合は，動きかたの仕上げ（洗練化）や修正することがいつまでも行われないという問題をかかえることになる。

【例】投げかたの悪いフォームを修正するためには，今まで習慣化した悪い癖の動感意識を消し去り，解消することで，新しい動感意識によって新しい投げかたを身につけることになる。

【例】いったん身につけてしまった悪い癖の蹴りかたの動感を消し去る（解消化）ことで新しい蹴りかたの動感を身につけることのできる能力である。これは，これまで苦労して身につけてきたものを自ら破壊しなければならないという矛盾した性格をもっている。

【例】新しい打ちかたやタイミングの取り方を身につけようとするとき，これまで身につけたスイングの動感意識を消し去ることができるかどうかの能力である。

【例】受けかたのフォームやタイミングを修正し，よりよい受けかたに改善するために，今までの習慣化していた悪い癖の受けかたの動感意識を消し去り，それを解消できる能力である。

❸ 動きの感じの違いがわかる動感分化能力

一回一回の動きかたに動きの感じの差がわかる能力である。動感運動は一回性を特徴として，同じ運動を繰り返し行ったとしてもそのつど違った動感意識によって構成される。その意識作用の微妙な差を動感感覚で鋭敏にとらえることが動きの感じの違いがわかる動感分化能力であり，動きの感じを解消する解消化能力の基柢を構成している能力になる。

【例】目的に応じたボールを投げるために一回一回の投げかたの違いの差を動感意識として感じとり，よりよい投げかたのコツを掴むための不可欠な能力である。ボールを投げているなかで一回一回の投げかたの感じの違いを動感差として意識できる。

【例】一回一回の蹴りかたのなかで意識作用の微妙な差を動感感覚で鋭敏にとらえてその違いを感じとり，より正確な蹴りかたやタイミングのよい蹴りかたがわかる能力である。

【例】一回一回の打ちかたに動きかたやタイミングの取りかたの違いを感じとることがで

きる。また同じ打ちかたをしたと思ってもそのつど違った動感意識によって差を感じている。その意識作用の微妙な差を動感感覚で鋭敏にとらえて、その打ちかたの差を感じとることでより正確な打ちかたのコツがわかってくる。

【例】リフティングで、インパクトの瞬間に足首の力加減や足の角度の違い、タイミングの取りかたの違いが一回一回わかることでボールがどのように上がるのかを先読みできる。

(2) 動きかたを仕上げる時空洗練化身体知

よりよい動きかたに仕上げていく身体知である。これは局面化能力と再認化能力と優勢化能力で構成される。

❶ 動きの局面を感じる局面化能力

運動を行うときの準備局面や主要局面、終末局面を私の動感意識のなかでとらえる能力である。マイネルは、非循環運動の局面構造を準備局面、主要局面、終末局面の3局面でとらえ、循環運動は融合局面と主要局面の2局面でとらえている。これは運動経過を映像的に対象化してとらえたものである。ここでの局面化とは、マイネルの3局面ないし2局面を私の動きかたの感じのなかでそれぞれの局面をとらえることで、動きのかたちを仕上げていく洗練化身体知である。

【例】投げるときの準備局面、主要局面、終末局面を私の動感意識のなかでとらえる能力である。投げる動作では、軸足の踏み込みの局面からスイング局面、さらにフォロースルーの局面までを投げる動きのなかで動感意識としてとらえる。

【例】蹴るときに開始体勢から軸足を着地する局面とテイクバックから前方への振り下ろしの局面、インパクトからフォロースルーの局面を動きのなかで感じている。

【例】蹴るときには、助走から軸足の踏み込みの局面とインパクトの局面、インパクトからフォロースルーの局面までを蹴る動きのなかで動感意識として感じている。

【例】打つときにテイクバックの局面から腕や用具を振ってインパクトの局面、インパクトからフォロースルーの局面が動きのなかで動感意識として感じている。

❷ 動きの感じを呼び戻す再認化能力

前に出会ったことのある類似している動感意識をふたたび〈今ここ〉に動きの感じを呼び戻す能力である。〈今ここ〉で動いているとき「あの感じと似ている」と動感意識で感じながら動くことがある。それは単なる、運動記憶痕跡ではなく、過ぎ去った動感意識を〈たった今の感じ〉の直感によって感じとる時間化身体知の一種である

【例】前に出会った投げかたの動感を類似の動感意識としてふたたび〈今ここ〉に感じとることのできる能力。以前に掴んだ投げかたのコツの感じを呼び戻すことのできる能力である。

【例】ボールを投げるときの動きかたと、サーブを打つときの動きかたが同じようなタイ

ミングやリズムであると感じてその感じを呼び戻すことができる。

【例】以前に掴んだ蹴りかたのコツをボールを蹴る技術として呼び戻すことができる能力である。アウトサイドキックやインステップキックの軸足の踏み込み位置がインサイドキックの踏み込み位置と同じであることを感じる。

【例】前に感じた打つタイミングやインパクトなど類似している打つ感じをふたたび呼び戻しながら〈今ここ〉の打ちかたのなかに感じとることができる。

❸ 左右での動きかたを感じる優勢化能力

　動きかたのなかで左右どちらか片側の動感運動の優劣を感じる能力である。右利や左利きとかはいつのまにか身につけているため，受動的動感意識の次元にあることが多い。そのため，自分の動きかたが左右のどちらがやりやすいかに気づく必要がある。運動熟練の極として左右どちらでも投げたり，蹴ったりでき，左打ち，右打ちでも自在に動ける境地に至る可能性をもっているだけに，動きかたを仕上げる洗練化身体知の深さを知ることになる。

【例】投げるときに左右どちらかに利き腕を感じる能力である。習熟過程で利き腕でない側の腕でも投げることができるように，左右どちら側でも自在に投げることができるようになる。

【例】蹴りかたのなかで左右どちらか片側の蹴りかたに優劣を感じとることのできる能力である。蹴るときに左右どちらかに利き足を感じ，利き足でない側の足でも蹴ることができるようにすることで，左右どちら側でも自在に蹴ることができるようになる。

【例】バット，ラケットでボールを打つとき，右打ちか左打ちのどちらかで打てるようになればその反対側でも打てるようになる。

【例】どちらかが利き腕を感じることで，利き腕でない側の手で受けることができるようにする。運動熟練の極みとして左右どちら側でも自在に受けることができるようになる。

(3) 力の入れかたを知る力動洗練化身体知

　いつどこで力を入れたり抜いたりするかの力動的な動きかたを感じとる身体知である。これはリズム化能力と伝動化能力と弾力化能力によって構成される。

❶ 動きのリズムを感じるリズム化能力

　自らの動感運動をリズミカルに行うことのできる能力である。動きかたは一つのメロディーとして，リズム化能力のなかに示される。いろいろな身体知は動感メロディーとして統一され，その人のリズム化能力として現れる。また，対象となるボールやラケットという物体に私の動く感じを共振させることができなければ，うまく操作して動くことはできない。さらに，敵の動感リズムをわが身に取り込み，そのリズムを外してフェイントを仕掛けることもリズム化能力に支えられている。

【例】投げるときの投げかたをリズミカルに行うことのできる能力である。ボールに自分の投げるリズムを共振させることでタイミングよくボールを投げることができる。

【例】ボールゲームにおいて敵の動感リズムをわが身に感じとり，そのリズムを外してフェイントを仕掛ける。

【例】蹴るときの軸足の踏み込み，蹴り足のテイクバックから振り下ろし，インパクトからフォロースルーの一連の動きをリズミカルに行う。

【例】飛んでくるボールに対して私の打つ感じを共振させることでうまく打てるようにする。打つ動感運動では，上体のひねりで始動して腕のテイクバックからインパクトそしてフォロースルーまでの一連の動きをリズミカルに行う。

❷ 動きの勢いを伝える伝動化能力

動きの勢いを伝えるために，動きかたのなかでアクセントを強める力点化と急ブレーキをかける制動化の鋭い交替を感じとる能力である。伝動化は，無意識のうちに行っていることもあり，受動的動感意識として空虚なまま背景に沈んでいることが多い。そのため，動きをより洗練化するためには，改めて動感意識として分析し，伝動化能力を高める必要がある。

【例】投げるときにボールに勢いを伝えるために，投げかたのなかで胴体のひねりだしや腕の振りでの肘，手首の使いかたなどのアクセントを強める力点化と急ブレーキをかける制動化の鋭い交換を感じとる能力である。

【例】ボールに勢いを伝えて蹴るために，身体の力を効率よくボールに伝えることのできる伝動化能力を高めることになる。

【例】ボールを打つために身体の力を効率よく手や用具に伝え，洗練された打ちかたをするためには動感意識として打ちかたを分析し，伝動化能力を高めることになる。

【例】ボールを打つときに足の踏み込みから腰の回転，肩，腕，手首へと力が伝動していく。

【例】ジャンプして最高点でボールをタイミングよく受けるためには，ジャンプする下腿の力を上体，腕に伝え，ジャンプによる力点化と空中で急ブレーキをかける制動化の鋭い交換を感じとることができる。

❸ 動きに反動がとれる弾力化能力

自らの動きかたに現れる弾み反動の動感を意識して動くことを感じる能力である。始原的な体感や時間化の身体知，価値覚や共鳴化能力のコツの身体知，さらに，伸長能力，先読み能力などのカン身体知にも関わり合いをもつ。

【例】バレーボールのオーバーハンドパスのインパクト，蹴るときのインパクト，縄跳びのジャンプなどで下腿に地面からの弾み反動を利用している。

【例】投げるときのボールに勢いを伝えるために，軸足から踏み出した足に体重を移すとき，足首や膝に地面からの弾み反動のエネルギーを利用している。

【例】ボールを強く蹴るためには軸足となる踏み込み足がしっかりしていなければならな

い。その踏み込みには、ボールを蹴るためのエネルギーを地面から弾み反動としての動感を意識して蹴ることになる。

【例】ボールを強く打つためには軸足をしっかりと踏ん張り、地面から弾み反動として足、腰にエネルギーを生かすように動感意識をもって打つことになる。

【例】スピードのあるボールや落下してくるボールを受けるとき、ボールをキャッチした瞬間に手や身体を後ろに引くようにして衝撃を和らげることのできる能力である。この衝撃を和らげる動きかたが弾み反動として次に投げる(蹴る)動きの準備になる。

X ボール運動の教える動感促発身体知

　運動学習が「教える－覚える」の関係によって進められることを考えると、指導者も教える（促発）身体知を身につけておく必要がある。これまで教員養成や体育系の大学では、科学的知識やマネージメント的な指導能力を身につけるために、学習指導計画論やトレーニング計画論を重視してきた。しかし、このようなマネージメント的な指導能力と動感発生（動きかたの感じがわかる）を促すことのできる指導能力とでは指導する内容が異なるため、ここでは区別しておく必要がある。子どもに動きの感じがわかるような動感発生を促すためには、どうしても指導者の動感促発身体知が問題になってくる。促発身体知とは、児童生徒や選手が動きかたを覚えようとすること（創発作用）を触発して、その動きのかたち（動感形態）の発生を促すことができる指導者自身の身体知であり、指導能力にとっ

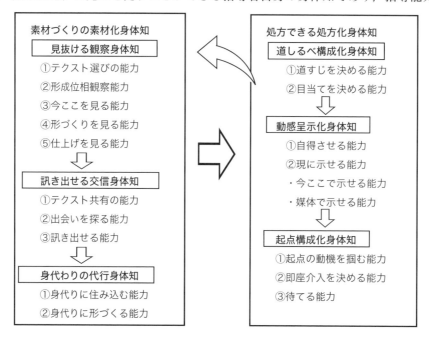

て不可欠なものになる。指導者は単に身体運動の生理学的，物理学的ないし心理学的な専門知識を知っているだけでは，この促発身体知を身につけたことにはならない。また，実践的な指導を行うためにも，〈今ここ〉で自らの身体で感じとることのできる動感運動としての促発的な身体知をもっておくことが求められてくる。ここでは動感促発身体知について簡単に説明をしておく。動感促発身体知は，前頁の図のように素材づくりの素材化身体知と処方できる処方化身体知で構成されている。

1. 動きの感じのわかる素材づくりの素材化身体知

　素材化身体知は，指導者が子どもに覚える創発身体知を目覚めさせ，子どもに動きのかたち（形態化）を成功へと導いていくための動きの感じがわかる材料となる動感素材を収集するための身体知である。この身体知は，動きかたが見抜ける観察身体知，動きの感じを訊き出せる交信身体知，動きかたを身代わりで感じる代行身体知を用いて子どもの動きを分析することになる。それによって，目の前での子どもの動きかたから子どものどのような覚えるための創発身体知が空虚なのか，また，充実していないのかを分析して指導のために生きた動感素材を収集することができる。

(1) 見抜ける観察身体知

　ここでの観察能力は，単にすばやく動く物体としての身体をとらえる視覚能力ではない。マイネルの『私たちは，いつも動かされている身体を見ていて，運動「そのもの」を見ていない』という言葉を待つまでもなく，動感身体によって繰り広げられる動き自体を観察することになる。それは調和化，局面化，リズム化，伝動化，弾性化などで見ることになる。

　この観察能力は，子どもの動きかたを見て何が問題になるのかの問題意識をもつために，新たな観察対象を見つけ出す主題（テクスト）選びの能力と子どもがどの形成位相の状態にあるのかを観察する形成位相観察能力からはじめる。そして，子どもが覚える創発身体知のどんな身体知がまだ発生・充実しないまま動いているのかを観察する。それは〈今ここ〉で感じる始原身体知と動きの形をつくる形態化身体知，さらに，動きかた仕上げ洗練化身体知を見抜くことによって行われる。

(2) 訊き出せる交信身体知

　ここでの交信とは，指導者と子どもとの間で動きかたを身につけるための動きの感じを相互理解できるようにする動感情報の交換が意味される。そのために文字言語や音声言語，さらに，言語といえないような比喩表現や身振りあるいは擬態語さえも動感言語として交信の手段にする。この交信能力には，指導者と子どもの間で何を問題にするのかの主題を共有する能力（この能力がなければ交信はすれ違いになる）と，子どもがどのような感じでどのように動こうとしているのかに共鳴し，共感できる出会いを探る能力（子どもの運

動メロディーを自ら進んで感じとる）がある。さらに，子どもに動く感じを質問することでどのような感じで動いたのかを訊き出せる能力も必要になる。

(3) 動きかたを身代わりで感じる代行身体知

ここでの代行とは，子どもがまだ身につけていない動きかたを指導者が子どもに代わって，その動きの感じを身体の中で思い浮かべて成功させたり（潜勢的に統覚），あるいは修正したりすることを意味している。この能力は，動きかたを教えるために指導者に求められる不可欠な専門能力である。この能力には，指導者が子どもに動きかたを教えるとき，その指導する目標の動きかたを身代わりで感じとり代行的に構成する代行形態化の能力が求められる。代行形態とは，子どもがめざしている動きかたを指導者が自分の身体のなかで指導のために思い浮かべる動きかたの像である。そして，この代行形態を構成化するときには，5つの階層に区別できる。

まずはじめは，指導者が子どもの動感に出会うために住み込み能力を駆使して，子どもがもっている動きの感じの世界に潜入して，共通の動きの感じの世界に新たに動きの感じを生み出して構成できるようにする代行動感世界の構成化である。それによって，子どもの動きかたの失敗も「このような動きの感じでは，やはり失敗してしまう」というようなことなど失敗するときの動きを感じとることができる。

2番目は，子どもの動きの指導にあたって，まず動きかたを覚えるのに不可欠な〈今ここ〉を感じる始原身体知の体感身体知と時間化身体知がなぜ必要なのかを指導者が自分の身体で思い浮かべ，子どもがまねをできるような動きかたを子どもに代わり感じとって（代行原形態）それを呈示することになる。たとえば，ボールを蹴る指導で，子どもの動きかたを見て，どのような〈今ここ〉を感じる始原身体知を充実させる必要があるのかを判断し，踏み込み足を静止したところから蹴るのか，軽い助走から踏み込み足を確認させながら蹴るのか，または，蹴り足はインサイドキックかトゥキックからはじめればよいのかをこの代行形態化能力によって試みることになる。

3番目は，目標となる蹴りかたをどのような感じで蹴ればできるようになるかを指導者が子どもに代わって動きの感じをひとつのまとまった動きかたとして構成する代行形態の統覚的構成化である。たとえば，ボールを蹴るとき，どれくらいの距離を目標に蹴るのか，そのための蹴り足の振りかたやインパクトでの強さなどどのような感じの蹴りかたをすればよいかなど子どもの蹴りかたができる感じを代行することになる。

4番目は，子どもの動きを修正し洗練化するために，子どもに代わってスムーズな動きの感じを生み出してひとつのまとまった動きかたとして構成する代行形態の洗練構成化である。たとえば，コントロールしたボールを蹴るための指導では，踏み込み足の方向や上体の向き，インパクトでの足の向き，蹴り足の振り抜きかたの感じなどを代行形態によって試みる

5番目は，子どもの〈今ここ〉での動きかたに合うようにするために動きの感じをもう一度見直す代行形態の適合的構成化である。たとえば，ボールを目標にコントロールして蹴るために，踏み込み足の位置や蹴り足の振り上げかた，インパクトのタイミングなどが子どものもつ動感能力で大丈夫かどうかをこの代行形態で試みる。

2. 動きかたを処方できる処方化身体知

動きのかたち（形態化）の発生を促すためには，指導者は子どもの動感世界に自己移入して，子どもが形態発生をできるような方法を考え出していくことが求められる。そのためには，子どもが動きの感じを受け入れられるように，処方する動感素材の観察・交信と代行能力によって生み出される代行形態を基盤に新たに処方形態を構成化することになる。ここでの処方できる身体知には，子どものためにどのような道しるべを立てることができるのかの道しるべ構成化能力と子どもにどの動きかたの処方形態をどのような仕方で動感を呈示することができるのか動感呈示構成化能力，さらに，子どもにいつ形態発生を促す処方を始めればよいのかの促発起点構成化能力がある。

(1) 動きかたの道しるべを立てる道しるべ構成化身体知

運動学習において，目標運動を呈示するだけでは，動感発生を促すための処方にはならない。ここでの身体知は，子どもが目標とする動きかたを発生させるために，どのような動きかたを目当てに動くことがよいのかなど，子どもの動きかたの道しるべを立てる身体知である。ここでは，どのような習練目標の動きかたをどの順序で指導を始め，どの方向に進んでいけば，動感発生（動きかたの感じがわかる）を的確に行うことができるかの標識的な方向形態の道しるべ（目標運動の体系化と系統性）と，その方向形態から確実に動感発生を促すために，習練の目当てになる動きの感じを動きのかたち（動感形態）で示す目当て道しるべがある。この目当て形態には，転がってくるボールを両手で受ける，ワンバウンドのボールを両手で受ける，投げ上げたボールを両手で受ける，離れたところから飛んでくるボールを両手で受けるなど目当となる動きかたを道しるべとして示すことになるが，指導者が子どもの動きかたに共鳴し，共感する動感出会いによって目当て道しるべは成立していく。

(2) 動きの感じを現に示せる動感呈示構成化身体知

子どもに動きかたを伝えるためには，動きの感じをどのようにして了解させるのかの方法と手段が必要になる。そこでは子どもに動く感じを掴ませるための何らかの動きかたを視覚的に見せる呈示形態が問題になってくる。この呈示形態には，指導者は子どもがどのような感じで動こうとしているのかに共鳴し，共感して，子どもの動感と交信する共鳴化能力が前提になる。動感を呈示する方法としては，間接的提示方法と直接的提示方法がある。

間接的提示方法は，自発的に覚えていくという方法である。子ども自身がやってみたいと思う触発化能力や動きかたを評価する価値覚能力，あるいは，動感メロディーを奏でる共鳴化能力などを総合しながら，自発的な自得によって動きかたを発生させていく。

　直接的提示方法は，方向形態や目当て形態を明確に提示するために，いろいろな媒体（示範，図解，ビデオなど）を用いて子どもに動きかたの情報を流していくことである。そして，〈今ここ〉で実際の動きかたで動感を呈示する手段と媒体によって動感呈示する手段がある。

　実際の動きかたで動感を呈示する手段としては，身振りや擬声語を含めて動感音声言語による動感呈示と，指導者自身が自ら動いてみせるか，あるいは他人にやらせて見せるかは別にしても実際に目の前で動きを実演する動感呈示がある。実演呈示での動きの感じを強調的に模倣する能力は指導者の促発活動に欠かせないものである。

　媒体による動感呈示の手段としては，文字言語による動きの感じを記述することによって提示するか，あるいは連続図やVTR（DVD）の映像によって可視的に動感を映像で提示することができる。この映像を提示するときには，子どもが動感メロディーを共感して奏でられる運動共感能力の身体知を育てておく必要がある。

（3）動きかたをいつ教えるかを決断できる促発起点構成化身体知

　この身体知は，子どもの動きの感じを身につけようとする志向体験に合わせた方向道しるべに沿って目当てを確認し，その選ばれた目当て形態がどんな情況になれば，いつ目標となる動感運動の教える（促発）営みを開始してよいかを判断する身体知である。

　そのためには，まずはじめに子どもに教える（促発）ことをいつ開始するのかの動機を意味づけている起点となる動きかた（起点形態）を読みとることが必要になる。このような起点形態を一瞬にして読み解く身体知は指導者に不可欠になる。

　ボールゲームで監督は，そのゲームの流れがほんの少しでも味方にマイナスの情況感をキャッチすると，間髪を入れずにタイムをとり，あるいは選手交代を指示する。そのような微妙なゲームのリズムや流れを敏感に感じとることは起点形態の発生に気づいていることになる。

　この起点形態を間髪も入れずに処方に入る即座に介入を決めることができる能力と，じっくりと子どもの状態を見極め促発指導の起点を決断する時期を選ぶために，満を持しながら待てることのできる能力が求められる。

第2部
ボール運動の動感指導と実践

I 「投げる」

1.「投げる」の動感構造

　「投げる」という動感形態は，子どもたちがボール運動を楽しむためには必ず習得しておかなければならない運動である。近年，子どもの投げる能力は，仲間と一緒になってボール投げの遊びをするなど，ボール運動の機会が減少していること，思い切って遠くに投げたりする場所などがないことから，親世代のスポーツテストの投能力の記録と比較して明らかに低下しているとの報告もある。それだけにボール運動を楽しむためには，投げかたの動感化能力（動きの感じをもっていること）を充実させておく必要がある。そのためにもボール遊びを通してできるだけ多くのボールの投げかたを志向体験させておくことが大切になる。

　「投げる」という動感形態の動感構造は，大きく二つに分類することができる。一つは野球のピッチングのように，はじめから終わりまで一つのまとまりをもつ動きでボールを投げるといった動感意識（私の動きの感を感じる）によって，準備局面，主要局面，終末局面の動感構造をもつ非循環運動の投げかたである。もう一つはキャッチングからスローイングのように組み合わせ運動として，「キャッチングしながらスローイングの準備をする」といった動感意識によってスムーズな動きを作り出す融合局面の動感構造をもつ組み合わせ運動の投げかたである。

　「投げる」という動感形態の局面構造を動感意識の観点から見ると，まず，準備局面として，目標に対してボールの投げる方向やどれくらいの距離を投げるのかなどの先読みが行われる。それによって，投げるための身体の構えかたや向きなどが目的に合った体勢であることを感じる定位感能力と同時に投げる距離を感じとる遠近感能力が働くことで身体の使いかたや腕の振りかたをどの程度の強さにするかなど，動感メロディーを奏でながら腕を反対方向に引くことからはじまる。この準備局面で求められる動感能力は，目的に応じてどのようなボールを投げるかという〈流れくる未来の今〉を予感する動感意識によって，投げるために必要なエネルギーを作り出すことになる。このような準備局面での動感意識は，投捕の組み合わせの場合，捕球の終末局面のなかで融合局面として組み込まれることになる。

　次に，主要局面では，目標までの遠近，正確性，スピードなどの目的を達成するためにボールを目標に向かって投げる動きの局面になるが，どのようなフォームでの投げかたをするかはすでに準備局面で作り出されている。その投げかたのなかに《二つの今》を感じる時間化身体知が働くことで，身体のどこを動かし，どこに力を入れ，どのタイミングで

ボールをリリースするのかという動感意識が伴う局面になる。さらに，ボールの握りかたやステップの踏み出す方向など全身の動きを協調的にバランスよく投げることができたのかどうかなど投げる感じ（動感）に対して，スムーズにタイミングよく投げられたか，そうでなかったか，あるいは動きかたに違和感があるのかなど〈たった今の感じ〉の直感によって動きの価値意識が生み出される。

そして終末局面では，投げた後にバランスを崩すことなく投げかたを終え，次への動きにスムーズに移行していくことになるが，ボールが身体から離れた時点で「投げる」という動きかたが終わるものではない。身体から放れたボールが目標に向かって飛んでいくなかに，自分の投げた感じをボールに伸ばして自分の思い通りの球筋で的確に飛んでいくことを動感意識として感じながらフォロースルーに入っていく。

また，「投げる」という動感形態には，胴体から腕に，そして肘から手首へと力が伝わっていく伝動化現象がはっきりと見られることも特徴になる。投げるときは，肘を上げ，体幹のひねりと連動して，腕が投げる方向に振り出され，最後に手首のスナップによってボールに力を伝えることのできる伝動化能力を充実させておくことになる。同時にボールをコントロールして投げるためには，〈流れくる未来の今〉を感じる予感化能力と〈たった今の感じ〉を残す直感化能力との時間化身体知に裏づけされて，次の場面では情況がどのように変化するかを読む先読み能力によって，その変化に対応しながらどのような投げかたをするのかを選択して投げることになる。さらに，離れた目標に対して的確にコントロールして投げるには，手から放たれたボールが目標に向かって正確に飛んでいくようにボールに動感を伸長させる付帯伸長能力が必要になる。また，そこには一回一回の投げかたの違いを感じる動感分化能力とタイミングや力の入れかたなどうまく投げることができたかどうかを感じる価値覚能力，よい投げかたのポイントを思い浮かべて，その投げかたを確認する再認化能力が働いている。

2.「投げる」の動感能力

「投げる」の動感形態に必要な動感化能力としては，いろいろと情況が変化するなかでどの方向にどのようなボールを投げるのか，そのために目標に対して身体の向きをどのように構えて立つのか，投げるときに自分の体勢を感じる定位感能力が求められる。また，目標までの距離に対してボールをコントロールしながらどれくらいのスピードで投げるのか，そのために身体をどれくらいひねり，肩，肘，手首へとどれくらいの力を伝えて腕を振れば目標までの距離を投げることができるかといった遠近感能力に裏づけされた伝動化能力を充実させておくことが重要になる。さらに，目標に対して距離が異なれば，遠近感能力を働かせて，目標までの距離を的確にかつ適度なスピードでボールをコントロールして投げることができるのかどうかも問題になる。

そこでは最大限のスピードで投げるのか，コントロールして投げるのか，力一杯腕を振って遠くに投げるのかなどである。さらに，動く相手に対して投げる場合は，常に距離や方向が変化しているため，いつどのタイミングでどの方向にどんなスピードで投げるかなど〈二つの今〉を感じる時間化身体知を基に距離を感じる遠近感能力を働かせて最も適した投げかたが選び出される。ゲームの中では背後や視野から外れたところにも人がいるので，今どこにどんな人がいて，次にどのような意図を持ってどこに動こうとしているのかなど，他者の動きの気配を感じとる気配感能力と情況の変化を先読みできるカン身体知も必要になってくる。

相手の動きに対しては，いつどこにどのようなボールを投げるかを相手の動きの先を読むことができる先読み能力によって探りを入れ，それに応じた投げかたが〈流れくる未来の今〉を感じる予感化能力を働かせてできるようにする。投げた後にはタイミングよくスムーズに投げられたか，ボールリリースが早かったか遅かったかなど〈たった今の感じ〉を残す直感化能力によって，一回一回の違いを動感分化能力で感じとれるようにしておく。

また，味方や相手の動きを先読みできる先読み能力を働かせることでどの方向にどれくらいのスピードで味方や相手が動くのかを予測し，投げる方向や距離，スピードなどをコントロールすることになる。さらに，ゲームの中では次の動きを先取り的に〈流れくる未来の今〉で感じる予感化能力と投げた瞬間を〈たった今の感じ〉を残す直感化能力，それらを交互に意識する差異的時間化能力を働かせて投げることになる。それによって，常に多様に変化する情況を感じとり，判断しながら投げることができるカン身体知のシンボル化能力も充実してくる。

幼児期からボールを投げたりする機会が多かった子どもは，すでに投げる動きかたに必要な動感化能力が受動発生的な運動経験によって機能して，いつのまにかボールを投げることができる身体になっている。このような子どもは，さらに投げかたを習練することで身体的にも肩関節や股関節の可動域を最大限に活用し，肘がしっかり上がったオーバースローの投げかたができるようになる。また，上半身と下半身がスムーズに連動して伝動化能力と調和化能力も充実している子どもは，主要局面でのボールリリース時に体重移動をスムーズに行なうことによって，より速くより遠くへ投げることのできる力動洗練化身体知も充実してくる。

3. 習練目標としての「投げる」

基本的な投げかたの一つに，オーバースローがある。この投げかたは，腕振り投げによって遠くまで投げる投げかたとして，いろいろなボール運動に応用することができ，片手投げ，両手投げがある。さらに，頭の上から投げるオーバースロー，横から投げるサイドスロー，下から投げるアンダースローがあり，その目的によって発展していく。

いろいろな投げかたができるようになれば，下記のような投げかたの動感能力を高めることを習練目標に志向体験する。

ここでの志向体験とは，反復的な繰り返しの練習ではなく，目標とする投げかたの動きを身につけることを目指して一回一回の動きの感じの違いを体験しながらコツを掴むために繰り返すことになる。

(1) ボールコントロールができる投げかた

ボールコントロールとは，ボールを目標に対して正確に投げることである。そのために方向や距離に応じて自在にボールをコントロールして投げることのできる動感化能力を充実させておくことになる。はじめは目標に対してどのような体勢で投げるかを意識することで，身体の向きや足の踏み出し方向などを感じる定位感能力を充実させる。ボールをコントロールして投げるためには，いつでも同じようなフォームで安定した投げかたができるように習練目標をもって，いつでもできる形態化位相にまで高めておくことになる。さらに，情況に応じて投げかたを変化させても目標に対して的確に投げることのできる自在位相のレベルにまで習熟を図ることが求められる。

投げる時の身体の向きや足の踏み出し位置を感じる定位感能力，目標までの距離を感じとる遠近感能力，距離に応じて投げる力の入れかたを調整する伝動化能力，投げ出されたボールが目標に向かって的確に飛んでいくように確信に満ちた動感をボールに伸長させて乗り移らせる付帯伸長能力を充実させることでコントロールができるようになる。

(2) ボールスピードに強弱をつけることのできる投げかた

ボールスピードに強弱をつけるとは，情況や目的に応じてボールを速く投げたり，ゆっくりと投げたりすることである。そのために腕の振りかたや肘，手首をどのように動かせばボールにどのように力が伝わり，スピードに強弱をつける力の入れかたができる伝動化能力を充実させておく。どんなスピードでボールを投げるかは，ゲームの中でいろいろと変化する情況をこれまでに経験した類似の情況から次の場面で情況がどのように変化するかを感じとり，読み取ることのできるシンボル化能力によって先読みができる先読み能力を働かせる。それによって，目的に対してどれくらいのスピードでボールを投げたらよいかを判断する。さらに，ボールを目標に対して的確に投げるためには，その目標に向かって投げられたボールが正確に目標までとどくように動感を伸ばす伸長能力と絡み合って，情況に応じた投げかたでボールに強弱のスピードをつけて投げる伝動化能力と投げるタイミングに合わせて動感メロディーを流せるリズム化能力も必要になる。

(3) 遠くに投げることができる投げかた

ボールを近くに投げることができても，ゲームなどではコートの端から端までの距離を

投げることが求められる情況がでてくる。遠くに投げるためには，足の踏み出しと胴体のねじれから腕を大きく振り出すことで遠くに投げるエネルギーを作り出すことが必要になり，胴体から肩，肘，手首へと力を伝えていく伝動化能力を充実させておくことになる。最大限に遠くに投げるためには，どの方向に力一杯投げればよいか，そのための体勢を感じる定位感能力や目標までの距離がどれくらいあるのかを感じる遠近感能力によって判断し，距離に応じた投げかたができるようにする。さらに，遠い目標に向かってボールを的確に投げるには，飛んでいくボールの軌道に対して方向と距離に動感を移入できる付帯伸長能力を充実させる。

(4) いろいろな投げかたができる

いろいろな投げかたとは，基本的な投げかたにオーバースロー，サイドスロー，アンダースローがあり，そのなかには，片手投げ，両手投げがある。さらにその中間的な投げかたやテイクバックをしないで手首のスナップのみで投げたり，身体の前方向や横方向，後ろ方向に投げたりするなど情況に応じて最も目的に合った投げかたを選び，瞬時にその投げかたでパスやシュートができるようにする。情況に応じた投げかたをするには，これから起こる情況の変化をあらかじめ読むことのできる予描先読み能力によって，どのような投げかたをすればよいかの探りを入れ，〈流れくる未来の今〉を感じる予感化能力によって目的に合った投げかたを選んで投げることになる。突発的な情況の変化に対しては，即座に決断して瞬間的に即興先読み能力で投げかたを変えることになる。さらに，ゲームの中では絶えず変化する情況や背後の見えない情況など僅かな変化を感じとる気配感能力によってパスやシュートの投げかたを選ぶことができるようにする。

4. 基本的な「投げる」の動感指導の実際

(1) オーバースローの動感指導

オーバースローは，目標に対してやや半身に構え，顔（目線）は目標に向けて立つ，テイクバックでは投げ手と反対の足を持ち上げて，軸足に重心を移しながら投げ手を後ろに振り上げると同時に，持ち上げた足を大きく前に踏み出しながら上体を正面に向けることで上体と下肢にねじれをつくる。胴体のねじれを肩，肘，手首の順に動かしてボールに力を伝動させる。その時，肘が下がらないように腕を肩越しにしっかり振ること，上体を目標に正対させながらスピードをコントロールして正確に投げること，投げたあとは後ろにある足は前に踏み出してバランスを取ることになる。

❶基本的なオーバースロー

A．目標に対して身体の向きは半身に構えて、顔（目線）は目標に向けておく（図1）。

動感指導のポイント　ここでは、目標に対してどのような投げかたをするのか動感メロディーを奏でて〈流れくる未来の今〉を感じる予感化能力が働く準備局面である。どの方向に投げるか、そのための目標に対して自分の身体の向きが正しく構えられていることを感じる定位感能力と、どれくらいの距離を投げるのかを遠近感能力によって身体全体で感じて準備する。

B．投げ手と反対の足を上げて重心を軸足に移す（図2）。

動感指導のポイント　目標に対して正確に投げるために、軸足にしっかりと体重を乗せて立っていることがわかる定位感能力と投げる距離がわかる遠近感能力によって、どのような投げかたでどのくらいの強さで投げるのかがわかり、そのような投げかたの準備ができる〈流れくる未来の今〉を感じる予感化能力を充実させる。

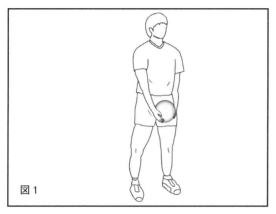
図1

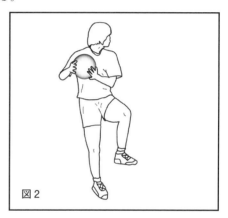
図2

C．投げ手と反対の手を目標に対してまっすぐに出すと同時に投げ手は目標と反対側に振り上げる。軸足を蹴りながら腰を目標方向に回転させながら前足を大きく目標に向けて踏み出す（図3）。

動感指導のポイント　踏み出し足を目標に向けて正しく踏み出すことを感じる定位感能力と軸足の蹴り出しで踏み出し足への体重移動がしっかりと乗せることができるように地面からの反動を利用する弾力化能力を充実させる。

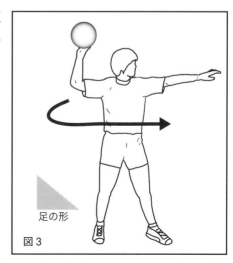
足の形
図3

D. 前足に体重を移しながら腰につづいて肩を目標方向に回転させる（図4）。

動感指導のポイント　投げる目標に上体を向けながら，上体のねじれ戻しによって肩，肘，手首の順にボールに力を伝える伝動化能力を充実させる。

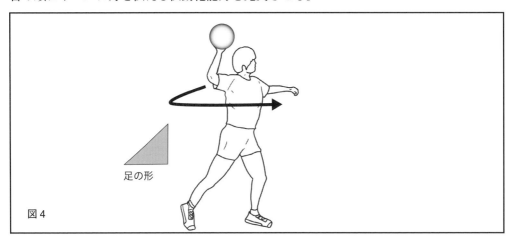
足の形
図4

E. 投げ手の肘を目標に向けながら腕を振って伸ばし，手首を後ろから前へスナップをきかせるようにボールを投げる（図5）。

動感指導のポイント　手首のスナップによって，投げ終わったボールが指先から放れて目標に向かって飛んでいくボールの軌道に確信をもって動感を伸ばして投げることのできる付帯伸長能力を充実させる。

図5

バリエーション

①踏み込んで投げる（図6）。

　踏み込み足が目標に対してまっすぐに踏み出せない場合，目標に対して身体の向きや足を踏みだす位置を感じる定位感能力とこの向きで投げれば目標に向かって的確に投げることができると〈流れくる未来の今〉を感じる予感化能力も充実させる。そのための動感指導では，目標に向かって地面にラインを引いて足がまっすぐに出せるようになる投げかたの動感意識ができる場を工夫をする。

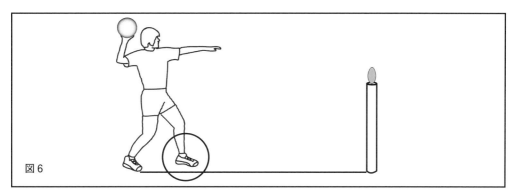

図6

②**むちのような動きかたで投げる**（図7）。

　腕の振りかたがボールを押すような投げかたをしている場合は，胴体から肩，肘，手首へと力が順次に伝わる投げかたのできる伝動化能力を充実させることになる。押し出して投げるのではなく，肘から先行して手首までむちのように腕を振る動きの順序性に動感意識をもたせて投げるように動感指導を行う。

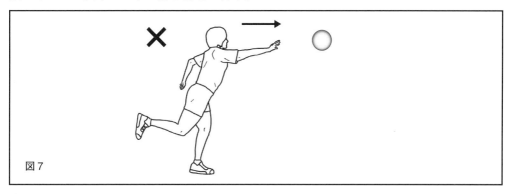

図7

③**バックスイングを意識して投げる**（図8）。

　後ろに振り上げた腕の肘が曲がりすぎたり伸ばしすぎたりしている場合，バックスイングで自分の肘の位置や肘の曲がり具合を感じる定位感能力と鏡などで肘の位置や角度を確認して，投げる動きのなかで肘の使いかたを動感意識することで感じとる再認化能力を充実させる。肘は90°ぐらいを目安に曲げるように動感指導を行う。

図8

❷ 遠くに投げる

A. 目標に対してどの方向に投げるのか，準備局面で足の踏み出しや胸の張り出しからの腕の振りかたがわかるようにする（図9）。

動感指導のポイント　遠くの目標に対してどれくらいの角度で前上方に投げればよいかがわかるには，どれくらいの距離を投げるのかを感じとる遠近感能力とその準備の体勢づくりができる〈流れくる未来の今〉を感じる予感化能力を充実させる。目線は目標より上向きに置き，前方斜め上方に向かって投げるようにしっかりと胸を張り，肩，肘，手首の順で腕を大きく振れるような投げかたの動感指導を行う。また，投げたボールの軌道が目標の高さから目標地点に到達するまで動感意識を伸ばす付帯伸長能力も充実させることになる。

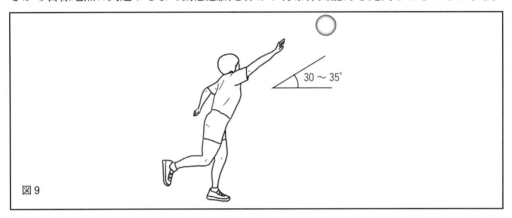

図9

B. 身体全体を使って投げる（図10）。

動感指導のポイント　身体の重心を後ろ足から踏み出した前足に移動させることで，上体の反りを利用して肩，肘，手首に力を伝えて投げることができるような動感指導を行う。そのための投げかたとして，重心移動から腰，肩のねじれ戻しの力が腕，手首のスナップに伝わる伝動化能力を充実させる。また，ボールを離すタイミングが早いか遅いかがわかる〈たった今の感じ〉を残す直観化能力とその違いを感じとる動感分化能力も充実させる。より遠くへ投げるための投げかたとしては，助走をして投げる準備局面からボールを投げ出す主要局面を感じる局面化能力も充実させることになる。

図10

❸思ったところに投げる

A．投げるときに目標をしっかりと見て，ボールの軌道のイメージを描いて投げることができる（図11）。

動感指導のポイント　目標までの距離を感じとる遠近感能力と投げる時にどの方向にどのような軌道でボールを投げるのかのねらいを定め，投げる準備として〈流れくる未来の今〉を感じる予感化能力を充実させることになる。正確に目標に投げるために腕の振り出し方向やリリースのタイミングが〈たった今の感じ〉を感じる直感化能力でわかるようにする。さらに，一回一回の投げかたの違いを感じる動感分化能力によって，上手くいった時の投げかたを思い出し，その動感を呼び起こす再認化能力も充実させる。

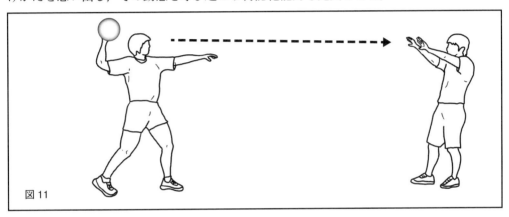

図11

B．ボールを放つ感覚を掴むことができる（図12）。

動感指導のポイント　はじめは近いところに手首と肘だけを使って投げてみる。目標を少しずつ離して距離に応じた投げかたをするには，肘の振りや手首のスナップの強弱のつけ方を変えることで距離を合わせることを感じる遠近感能力とボールを離すタ

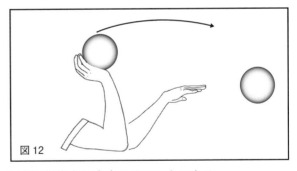

図12

イミングを感じる〈たった今の感じ〉の直観化能力を充実させることになる。

C．目標に向かっていつも正確に投げることができる（図13）。

動感指導のポイント　ボールを放す感覚が掴めてくれば，身体全体を使って軽く投げてみる。ボールを放すポイントと目標地点を直線で結ぶようにボールの軌道をイメージして投げたボールに動感を伸ばす付帯伸長能力が充実するように投げかたの指導をする。遠近感能力によって距離に応じた投げかたができるようにすることと〈たった今の感じ〉を残す直観化能力でリリースのタイミングを掴むようにする。イメージ通りに投げることができるようになれば，上手くいったかどうかを判断する価値覚能力や，投げかたのコツを確認する図式化能力も充実してくる。

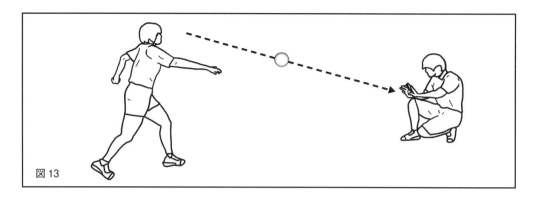

図13

（2）両手投げの動感指導

片手での投げかたに対して，両手を使う投げかたにもいくつかの種類がある。ここでは両手で押し出すように投げるチェストパスと両手で頭越しに投げるスローイングについて取り上げる。

❶チェストパス

チェストパスとは，バスケットボールで使用するもっとも基本的なパスであり，ボールを胸の高さから床と平行に出すパスのことである。また，投げる方向を斜め上方のバスケットゴールを目標にするとシュートの投げかたにもなる（図14）。

動感指導のポイント　投げるときに目標に対して身体が常に正対していることを感じる定位感能力を充実させておく。投げるときには胸の位置からボールを前方に押し出しながら両手首を素早く外側に返し，手首と指先のスナップによってボールに力を伝えていく伝動化能力とスナップによって手から放れたボールが目標に向かって的確に飛んでいくように動感をボールに伸す付帯伸長能力を充実させる。このとき上半身だけでなく膝や足首を柔軟に使い，片足をしっかりと踏み出し，地面からの反発と身体全身の力を利用しながらタイミングよくボールを投げる弾力化能力と伝動化能力の充実によってより早いパスができるように指導する。

図14

❷スローイン

　スローインはサッカーにおいてボールがタッチラインを越えた時，ゲームの再開方法として両手でボールを持ち，頭の後ろから頭上を通して投げる投げかたとして一般的に用いられる（図15）。

　動感指導のポイント　最初は，両手でボールを頭の上から手の振りだけでどれくらいの距離を投げることができるのかを遠近感能力で感じとり，手から放して投げるタイミングがわかる〈たった今の感じ〉の直観化能力を充実させる。慣れてきたら，手首のスナップや身体を後ろに反らし身体全体を使うことを意識して投げるようにする。このことによって，ボールに大きな力を伝える伝動化能力と足を踏み出し地面の反発を利用する弾力化能力を充実させることができる。

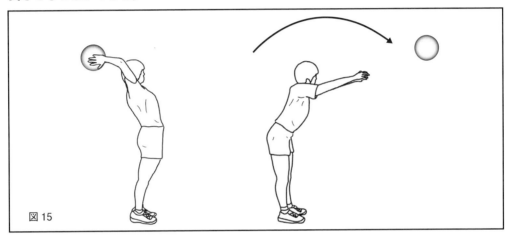

図15

（3）「投げる」の動感指導と動感素材

❶両手投げ

　ドッチボールを両手で左右どちらかの肩越しに構え，後方に腕を引きながら足を一歩踏み出して投げる（図16）。

　動感指導のポイント　肩越しの左右どちらで投げるのが投げやすいかを優勢化能力で感じとれるようにしておく。投げる前に目でしっかりと目標を確認し，投げる体勢が目標に向かって正対していることを感じる定位感能力とどれくらいの力を入れて投げれば目標までとどくかの距離を感じとる遠近感能力を充実させるようにする。右耳の横に右の手のひらでボールをもち，左手をボールに添えて構える。左足を前に踏み出しながら上体のねじれを作り，そのねじれ戻しを利用して目標に向かって左手をボールにそえたまま右手で肩越しにボールを押し出すように投げる。このとき上体のねじれ戻しによって肩，肘，手首への順でボールに力を伝えることができる伝動化能力を充実させる。手首のスナップでボールが手から放たれるとき，目標に向かって跳んでいくようにボールの軌道を感じながら投げる付帯伸長能力も充実させるようにする。

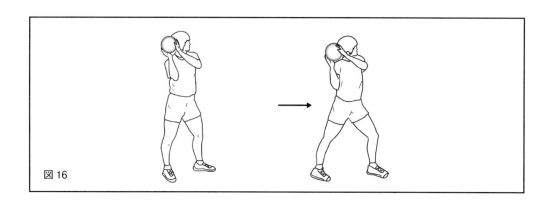

図16

バリエーション

①反対側の肩越しに投げる

動感指導のポイント 反対側の肩越しで投げることでどちら側の手が投げやすいか、また、足の踏み出すタイミングや投げ手の力の入れかたなどもどちら側がやりやすいかに気づく優位感能力。さらに、反対側の投げかたでも胴体から肩、肘、手首への力がスムーズに伝わる伝動化能力を発生できるようにする。

②頭上からの両手投げ

動感指導のポイント 頭の上から投げることで身体の反りから肩、肘、手首へとボールに力がスムーズに伝わる伝動化能力を発生させる。両手で頭の上から投げるのにボールをいつどのタイミングで放すのか、そのタイミングを計る〈流れくる未来の今〉を感じる予感化能力とボールを放すタイミングをとらえる〈たった今の感じ〉の直感化能力の時間化身体知を充実させる。さらに、手首のスナップによってボールに一気に力を強く伝える伝動化能力を充実させることで遠くに飛ばせるようにする。

③ボールの種類を変える

動感指導のポイント 手で握れない大きなボールを投げるには、ボールを手のひらに乗せて投げる感じがわかり、手のひらの向きが投げる方向に向いていることを感じる定位感能力を充実させる。また、投げる時に肘の位置を高く保ち、目標に対して手で押し出すように上体からひねり戻しの力を肩、肘、手首の順に伝え、手首のスナップを効かせて投げる伝動化能力も充実させる。

指で軽く握れる程度のボールを投げるには、指でボールをしっかり握り腕は肩より上方で構え、目標に対して投げ手の反対側の足を少し前方に踏み出しておく。この準備体勢が定位感能力によって、上体は投げる方向に対して少し斜め後ろに倒していることを感じとる。投げるときには、後ろ足に乗っている体重を前足へと移動させながら上体のひねり戻しによって肩、肘、手首へと順に力を伝える伝動化能力を充実させる。また、大きなボールを投げるときの投げかたの違いを感じる動感分化能力やそのコツを確かめる図式化能力も必要になる。

手で握れる程度のボールを投げるためには，定位感能力によって投げ手側の足を大きく後ろに引きながら目標に対して上体を真横に向いていることを感じるようにする。ボールを握った手は肩よりも下から後ろに引いてバックスイングの構えの体勢を作ることができるようにする。投げるときには，後ろ足から前足への体重移動と同時に上体のひねり戻しによって肩，肘，手首へと力を順に伝える伝動化能力も充実させる。それによって下腿から上体へのスムーズに動く調和化能力と動感メロディーを奏でながら投げるリズム化能力も充実してくる。この段階に進むと，洗練修正化という機能を持たせながら洗練された投げかたへと洗練統覚化身体知が充実するように動感指導を行う。

❷片手投げ

横向きで立ってボールを両手で持ち，右手（左手）でボールを肩の後に引きあげ，左足（右足）を前に大きく踏み出しながら腕の振り出しに合わせて体重を左足（右足）に乗せて投げる。

動感指導のポイント 目標に対して横向きで立ち，片手の手のひらにボールを乗せる。反対側の足を軽く引き上げ，足の前への踏み出しとともに上体を目標に向けてひねりながら肩越しに目標に向かって腕を大きく振り，前足に体重を乗せてボールを投げる。投げるとき目標に向かって投げるために手のひらの向きが目標に向いていることを感じる定位感能力を充実させる。目標までの距離がわかりどれくらい投げればよいかを感じる遠近感能力を充実させることで上体のひねりから体重移動に合わせて，肩，肘，手首へと腕の振り出しによってボールに力を伝える伝動化能力を充実させる。

バリエーション

①ボールを上に向かって高く投げる（図17）。

動感指導のポイント ボールを高く投げ上げるためには，テイクバックで顔を上げて，目線を前上方に向ける。上体の反らしとひねりを利用して前上方に大きくボールを投げ上げる。投げる側の手と反対側の足の踏み出しはあまり大きくしないようにする。投げ上げる方向に対して顔の向きや目線が向けていることを感じる定位感能力とどの方向に投げればどれくらいの高さになるかを感じとれる遠近感能力を充実させる。ここでは上体の反りとひねりによって投げるときのエネルギーを作り出し，ボールを投げ

図17

上げる力が腕の振りから手首のスナップにまでしっかりと伝わる伝動化能力を充実させる。さらに，ボールを投げ上げるには，腕の振りからの手首のスナップによってボールをリリースするタイミングを計る〈流れくる未来の今〉を感じる予感化能力とボールを放すタイミングに合わせて力を入れることができたかを〈たった今の感じ〉を残す直感化能力の時間化身体知が充実してくる。

②**地面に思いきりたたきつけて，ボールを大きくバウンドさせる**（図18）。

動感指導のポイント　ボールを斜め前下方の地面にボールを力強く投げつけるためには，手のひらでボールをもち，肘を上げて頭の後で高く構えるようにテイクバックする。目で目標地点の斜め前の地面を見ながら投げる側の手を内転させて振り下ろし，同時に反対の足も大きく前に踏み出すようにする。踏み出した足に体重をのせて上体を斜め前に倒し，目標地点に向かって腕をしっかりと振り下ろしながら最後に手首のスナップをきかせて地面にボールをたたきつける。斜め前方の目標地点に顔や上体が向いていることや投げる地点に向かってどれくらい上体を倒すかを感じる定位感能力を充実させる。ここではボールを斜め下にの地面に投げつけるために，上体の倒しに合わせたひねりによってどれだけ腕をしっかりと振り下ろせるか，そのボールを大きくバウンドさせるために肩，肘，手首のスナップによってボールに力を伝える伝動化能力を充実させることになる。ここでもどのタイミングで手首のスナップを効かせて，いつボールを投げたかの〈たった今の感じ〉を残す時間化身体知が充実するようにする。

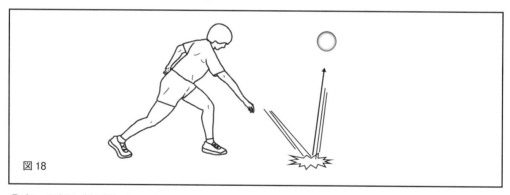

図18

③**高い目標に投げる**（図19）。

動感指導のポイント　前上方にヒモを張ったり，壁の高い所に目標点をつくったりしてそれに向かってボールを高く投げることができるようにする。慣れてくれば助走からでも投げられるように助走のスピードを上体や肩，肘，手首に伝えて投げる伝動化能力と投げるタイミングが掴めるように〈たった今の感じ〉を残す直感化能力，助走からスムーズに足の踏み出しや投げる構えを準備して流れるように投げる調和化能力を充実させる。さらに，目標とする高さを変えることでどれくらいの高さに投げるかを感じる遠近感能力やそのための目線や顔の向き，上体の反りやひねる方向などがわかる定位感能力，高さを変えることで投げかたの違いを感じる動感分化能力も充実させる。

図 19

❸ 壁当てボール投げ

3m の距離から 10 回ぶつけたら距離を伸ばす（図 20）。

動感指導のポイント　壁に向かってボールを強く投げることを意識して行うようにする。ここでは，準備局面で腕を後ろにしっかり引いて構えているか，主要局面では肘が耳の横を通って前方に大きく腕を振り出しているか，終末局面では踏み出した足にしっかりと体重をのせ，目標に向かって手が伸びているかのそれぞれの局面での動きかたを感じる局面化能力を充実させる。また，距離が離れることでどれくらいの強さで投げればよいかの投げる距離を感じとる遠近感能力と目標にしっかりとねらいをもって投げたボールに動感を伸ばすことのできる付帯伸長能力を充実させるようにする。それによって上体のひねりや肩，肘，手首への力の伝えかたがはっきりと動感意識する伝動化能力と足の蹴りによって地面からの反動を利用する弾力化能力で体重移動ができるようになる。また，一回一回の投げかたの違いに気づきことのできる動感分化能力とタイミングのよい投げかたのコツに気づき同じような投げかたを確認する再認化能力も充実することになる。

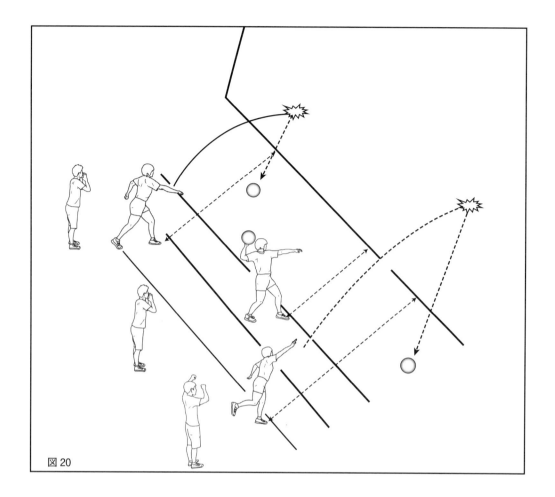

図20

バリエーション

①さまざまな種類の投げ方を行う。

　いろいろな投げかたで投げたり，ボールの種類を変えて投げたりすることで，投げかたの違いに気づくことのできる動感分化能力やうまく投げたときの感じを価値覚能力でとらえるようにする。それにより，腕の振りかたの強弱のつけかたや投げるメロディーを奏でる共鳴化能力とうまくタイミングのよい投げかたをしたときのコツがわかる図式化能力が充実してくる。また，的を決めて投げることで友だちとの競争によって意欲的になり，目標に対して的確に投げることや上手な投げかたを目標に取り組もうとする触発化能力も充実することになる。

②２人で向かい合って投げる。

　相手に対してボールを正確に投げることや相手が受けやすいようにスピードのコントロールをして投げる（図21）。

　動感指導のポイント　ここでは，ボールのスピードをコントロールして相手に正確に投げることがいつでもできるこ形態化位相から，相手の動きに合わせ，情況に応じて自在に投げか

たを変えることができる自在位相のレベルに動感能力を高めることになる。まず，投げるとき，相手に対して身体が常に正対していることを感じる定位感能力と相手までの距離を感じとり，それに応じた投げかたができる遠近感能力，さらに相手の胸元に的確に投げるためには，手から放れたボールが目標に向かって飛んでいく感じをボールに伸ばしながら投げ出す付帯伸長能力を充実させることが求められる。

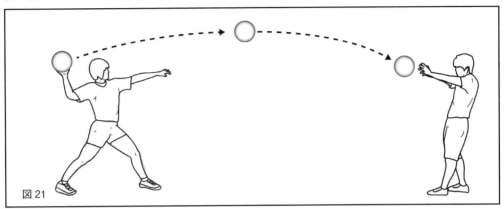

図21

バリエーション

①能力に応じた距離で行う。

相手との距離を変えたり，左右に動いたりしながら投げることやボールの高低やスピードの変化をつけて投げることで，常にバランスのよい投げかたができる調和化能力を充実させる。また，一回一回の投げかたの違いを感じる動感分化能力や変化する情況に対していろいろな投げかたを試みることに意欲的な触発化能力も充実される。それによっていろいろな投げかたのぎこちなさが取れ，足の踏み出しから腕の振りなどリズミカルに力動的な投げかたへと修正していく修正化身体知の充実に繋がっていく。

(4)「投げる」のカン身体知と動感素材

ボールゲームでは敵味方が常に動くため，情況を判断することができるカン身体知とその情況に応じて適切な投げかたができるコツ身体知が表裏一体となって働く動感化能力を充実させておくことになる。「投げる」の基本的な投げかたができるようになれば，次は情況に応じてどのような投げかたをするかというカンを働かせた投げかたを目標にする。ボール運動ではカン身体知を充実させるために数多くのゲーム形式の動感素材例があるが，ここではカンとコツの身体知を発生，充実させるための動感素材として，初歩的なドッチボールを例に挙げてみる。指導者は，これまで身につけてきたボールの投げかたがカンを働かせて情況に応じた投げかたであるかどうか，どのような動感能力がまだ空虚で充実していないのかを見極めて指導することになる。そのためにも観察能力，交信能力，代行能力の動きを教える動感促発身体知を身につけておく必要がある。

❶ たてながドッチボール

　この運動を 3 ～ 4 人で行う。外野の子どもたちは，内野にいる子どもの動きをよく見てお互いに協力して当てることを目標にする（図 22）。

> **動感指導のポイント**　ここでは，内野を動き回る子どもたちが次にどのような場所に移動しようとしているのか先読みしながら相手にボールを当てる先読み能力を充実させる。コートが縦長で左右の動きは少ないことから前後に動く目標に対してどれくらい移動しようとしているのかを先読みすることでカン身体知を充実させることをねらいにする。そこでのカン身体知を働かせ情況に応じた投げかたは，身体や軸足，踏み込み足の向きを感じる定位感能力と逃げる子どもたちに対してどのくらいの距離を投げればよいかを感じとる遠近感能力，腕の振りや手首のスナップをきかせてボールに力を伝え強く投げる伝動化能力を充実させる。ボールを投げたときに手から放たれたボールに動感を伸長させて相手に当たるようにねらう付帯伸長能力も充実させる。

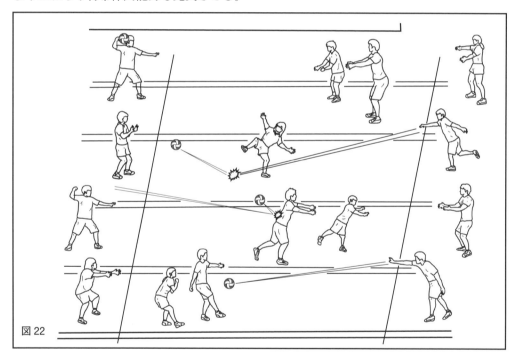

図 22

❷ 変形ドッチボール（図 23，図 24）

> **動感指導のポイント**　コートの形を変えることで敵の移動する動範囲が前後左右に広くなるため，どの方向にどのように動くのかを先読みをすることが難くなる。そのためにあらかじめ先を読むことやとっさに先を読むことのできる先読み能力のカン身体知を充実させることが求められる。また，内野の子どもの動きに対して移動しながらの投げかたになるので，コートのどの位置に移動すれば相手と正対する位置関係になるのかを感じる定位感能力や相手が次にどのような動きかたをするのかをあらかじめ読み取る予描先読み能力が充実し

てくる。また，内野の子どもが急に目の前に現れたりしてとっさに先を読む偶発先読み能力も発生する。情況に合わせていろいろな投げかたをするためには，投げるタイミングや強弱をつけた投げかたなどその違いを感じる動感分化能力や友達の投げかたを見てあのような投げかたをしようとして動感メロディーを流し出せる共鳴化能力が充実してくる。カンを働かせながらコツを身につけることでよりよい投げかたへと修正化身体知も充実するようにする。内野の子どもは相手が誰を目標にしているのかの先読みをしながら自分が的になっているとその気配を感じる気配感能力も充実してくる。

図23

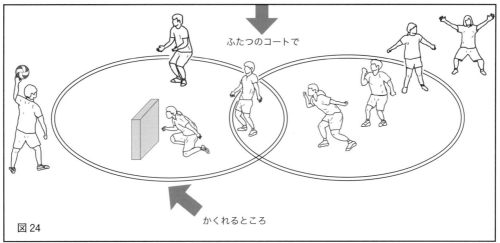

ふたつのコートで

かくれるところ

図24

II 「蹴る」

1.「蹴る」の動感構造

　「蹴る」という動感形態は，人間の日常的な運動から足でボールを扱うという意味では非常に特殊な運動といえる。幼児期の運動発達から見ると，手でボールを投げたり受けたりすることと足でボールを蹴ることは，どちらを先に身につけるかと言うことではなく，同時性と並列性をもって受動的発生（日常生活の中でいつのまにか身につける）していくようである。幼児のボール遊びの特徴は，手でボールを操作して投げたり，受けたりする技能はまだ十分な形態化位相（いつでもできる状態）に達していないためゲームとして成立しにくい面がある。しかし，足でボールを操作することによって，うまくボールをコントロールできなくても蹴ったり止めたりすることでサッカー型のようなゲームを楽しむことができる。

　足でボールを操作するという特殊性から幼児期にボールを「蹴る」という蹴りかたの志向体験が少ない場合，うまく蹴れなかったり，空振りをしたりして苦手意識を持ってしまう子どもがいる。うまくボールの蹴れないというというつまずきが，運動嫌いへと繋がらないようにするためにも，足でボールを操作する指導が大切になる。子どもがサッカーなどのゲームに積極的に参加できるようにするには，ボールを「蹴る」という蹴りかたの動感化能力（そのような動きの感じをもっていること）を充実させておく必要がある。そのために遊びや体育のなかでできるだけ多くのボールの蹴りかたを志向体験させることで，どのような感じで蹴れば上手く蹴ることができるのかがわかる動感指導が必要になる。

　蹴りかたの動感指導では，子どもの外見上のフォームだけを見て指導するのではなく，内面での動感意識（私の動きの感じを感じる）の観点から蹴りかたの動感構造を観察することが大切になる。「蹴る」という動きかたの動感構造は大きく二つに分類することができる。一つは，フリーキックのような蹴りかたで「はじめと終わり」という動感意識によって，一つのまとまりをもつ蹴りかたである。それは，準備局面，主要局面，終末局面の非循環運動の動感構造をもっている。もう一つはトラッピングからキックのように「トラッピングしながら次のキックの準備をする」といった動感意識によって，二つの異なる動きをスムーズにつなげる融合局面をもつ組み合わせ運動としての動感構造をもっている。

　まず，非循環運動の準備局面としては，目標に対してどの方向にどのようなボールを蹴り出すかの先読み能力が働く局面である。そこではボールを蹴り出す方向に対して空間的に自分がどの位置に居てどのような体勢になっているのかを感じる定位感能力と目標までにどれくらいの距離を蹴ればよいかを感じとる遠近感能力が働く。それによって，どのよ

うな蹴りかたをするのかを予感によって動感メロディーを奏でながら足や腕を反対方向に引くことからはじまる。そこでは目的に応じた動感意識によってどのような蹴りかたをするかを判断し，胴体から下肢，足首へと蹴るエネルギーを伝えていく伝動化能力が働く。また，その際に重要になるのは助走であり，ボールを蹴りたい方向と一直線上の後方に立って，身体の向きを前方に向け，軸足を目標に対してまっすぐ踏み込むことを感じる定位感能力が必要になる。右利きの場合，両足を揃えた状態もしくは左足前の立ち姿勢から助走を始め，右足で1歩目を踏み出し，2歩目で軸足となる左足をボールの真横に置き，3歩目でボールを的確にヒットするためにステップを踏み込める距離感を感じとる遠近感能力とタイミングを計る〈流れくる未来の今〉を感じる予感化能力が大切になる。このような助走からの蹴るための一連の動きを準備局面としてとらえる。そこには動感メロディーとして身体の向きを感じる定位感能力や足の踏み込み位置を感じとる遠近感能力の始原身体知とタイミングを計って〈流れくる未来の今〉を感じる予感化能力の時間化身体知を重要な動感能力として充実させておくことになる。

　組み合わせ運動では，トラッピングなどのボールを受ける動きかたのなかに次の場面の情況判断とどの方向にどのタイミングでどのようなボールを蹴るのかを先取り的に取り入れて準備をする。すなわち受けかたの終末局面のなかに〈流れくる未来の今〉を感じる予感化能力面が働き次の蹴る動きかたの準備局面の機能をもっている。

　次に主要局面では，情況に応じて目的を達成するためにどの方向のどこの場所にどれくらいのスピードで正確に蹴るかを先読みしながら，どのような蹴りかたをするのかを選択し，決定して蹴ることになる。そのとき足のどこに，いつ力を入れて，どれくらいの強さで蹴るのかといった〈流れくる未来の今〉の予感のなかでタイミングを計り，蹴る瞬間に〈たった今の感じ〉を残す直感によって，蹴るという動感意識が伴う局面である。軸足を置く位置はボールの真横，およそ軸足からボールの中心まで20〜30cmの位置である。その際，右足が利き足の場合には，軸足となる左足のつま先はボールを蹴りたい方向に対してまっすぐに向いていることを感じる定位感能力を充実させておくことで蹴る方向にボールをコントロールすることができる。

　また，この軸足で身体のバランスを保つためには，膝を完全に伸ばすのではなく膝に柔軟性をもたせて軽く曲げ，地面を踏みしめることで地面からの反発力が利用できる弾力化能力が働くようにする。軸足を踏み込む時には，すでに蹴り足のバックスイングは完了し，ボールを蹴ろうとする動感意識が〈流れくる未来の今〉を感じる予感化能力として働いている。その時点でインパクト時に求められる蹴り足の足首の角度は，すなわち蹴りたい方向（軸足のつま先の方向）に対して，インサイドキックの場合は直角にしておくこと，インステップキックでは足の甲を真っ直ぐに目標方向に向けることを感じとっている。ここでは足の向きや足首の角度を感じる定位感能力と目標に対しての距離やスピードなどどれくらいの距離を蹴るのかを遠近感能力によって感じとり，どのような性質（フライ，ゴロ

など）のボールを蹴るのかをすでに決定している。準備局面から主要局面への移行は，軸足を着いてからバックスイングを開始するのではなく，またバックスイングから足の蹴り出しを始めてから蹴り足の角度を調整するのでもない。

　そして，蹴り足は振り子のように腰と膝で弧を描いてスイングを行い，蹴り足が最も真下に通過するタイミングでボールの中心を直角に開いた蹴り足の内側の踝に正確にミートすることを〈たった今の感じ〉の直感化能力によって感じるようにする。より強く遠くに蹴ろうとする場合，単に蹴り足に力を入れて蹴るだけではない。それは助走の局面で進行方向に胴体の勢いが生み出され，軸足をしっかりと踏み込むことで胴体にストップがかかり，地面からの反動を利用する弾性化能力とその力を胴体から膝，足首へと順に伝える伝動化能力が重要になる。あくまでもこの局面では，全身の動きがバランスよく協調的に動くように，助走と軸足，脚のスイングによって得た力をタイミングよくボールに伝えることで正確にボールをミートすることを目指す。

　最後の終末局面では，ボールを蹴り終えた後にバランスを崩すことなく，次への動きへとスムーズに移行していく局面になる。しかしその際，蹴られたボールは足から離れるとそれで終わるのではなく，身体から放れたボールに自分の動感を伸ばすことでボールの軌道が目標に向かって飛んでいく感じをもたせる付帯伸長能力が働いている。また，インパクト時の足の向きや力の入れるタイミングなどが〈たった今の感じ〉を残す直感化能力によって，うまく蹴ることができたかどうかを感じる価値覚能力が働き成果を判断する局面でもある。

2.「蹴る」の動感能力

　「蹴る」という動感形態には，胴体から足に力が伝わる伝動化現象がはっきりと見られることが特徴の一つにある。そのために足を後ろに振り上げ，体幹のひねりと連動して足が振り出されることで最後に足をボールにヒットさせ，全身で生み出した力をボールに伝える伝動化能力を充実させることが特に重要になってくる。同時に，ボールをコントロールするためには，〈流れくる未来の今〉を感じる予感化能力と〈たった今の感じ〉の直感化能力の時間化身体知に裏づけされて，〈今ここ〉で蹴ったボールが目標に対して正確に飛んでいることを感じとる付帯伸長能力を働かせることになる。そのとき，どんな蹴りかたがうまく蹴ることができていたか，一回一回の蹴りかたの違いを感じることができる動感分化能力を高めておく必要がある。その際，蹴りかたがうまくできたか蹴りかたの良し悪しを評価する価値覚能力とうまく蹴れたと感じた蹴りかたのコツを確認する再認化能力を働かせることになる。

　「蹴る」という動きかたに必要な動感化能力としては，いろいろな情況のなかで自分がコートのどの位置にいてどの方向にボールを蹴るのか，目標に対しての身体の向きやどの

ような体勢で蹴るのかを感じる定位感能力を充実させる。さらに，目標までの距離を感じとる遠近感能力に裏つけされて，どれくらいのスピードでボールコントロールして蹴るのか，そのために身体をどれくらいひねりながら蹴り足のバックスイングをすれば蹴り足に上手く力を伝えることができるかといった伝動化能力も充実させておくことになる。また，目標に対しての距離が異なる場合には，どの程度の力を使ったらどの程度の距離を蹴ることができるか，距離に対応した蹴りかたができるきる遠近感能力が充実するように動感意識を常にもって蹴ることになる。

　さらに，動いている相手に対して蹴る場合は，常に方向や距離が変化しているため，どの方向にどれくらいのスピードで動こうとしているのかを先読みする先読み能力とその場所に合わせるにはどれくらいの距離を蹴るかを感じとる遠近感能力を働かせて最も適した蹴りかたを選び出すことになる。そして，ボールゲームなどでは後方や視覚から外れた所にも敵や味方がいたりするために，どこに敵や味方がいるのかを気配として感じる気配感能力，さらに，どのような動きかたをしようとしているのかといった周囲の情況と敵味方の位置関係を把握する情況把握能力も働かせる。さらに，とっさの情況の変化に対しても対応する偶発先読み能力を働かせて蹴ることになる。

　さらに，ゲームでは無限に千変万化していく敵味方の動きかたに対して次の情況がどのように変化するのかを把握できるシンボル化能力によって敵味方の攻防の意味構造を読み取ることができるようにする。それによって味方や相手がどの方向にどれくらいのスピードでどのように動くのかを先読み能力で予測し，蹴る方向や距離，スピードなどをコントロールして情況に応じた蹴りかたができる。そこでは〈今ここ〉で相手の動きに対してどのタイミングでいつ蹴ればよいのかを探りを入れ，タイミングを外さずに蹴るためには，〈流れくる未来の今〉を感じる予感化能力によって選択と判断，承認が行われている。ボールを蹴るときには蹴るタイミングが早かったか遅かったかなど〈たった今の感じ〉の直感化能力と一回の蹴りかたの違いに気づく動感分化能力が働くように動感意識をもつことも重要になってくる。ゲームの中での〈今ここ〉で蹴るということは，どこから来たボールをどこに蹴るのかといった〈流れる未来の今〉の予感と〈たった今の感じ〉の直感を含む幅をもっている。〈今〉は常に次の〈今〉の場面に流れていくことから，ゲームの中では〈たった今の感じ〉の直感化能力と〈流れくる未来の今〉を感じる予感化能力を交互に意識することができる差異的時間化能力で，どんなボールをどのような感じで蹴ったかが動感意識として残っていく。

　幼児期からボールを蹴ったり投げたりする機会が多い子どもは，蹴る動きかたに必要な動感化能力を能動的に身につけようとしなくても，受動発生によっていつのまにか身につけているものである。そこでは身体的にも股関節や膝，足首の関節の可動域を最大限に生かし，全身の動きを協調的に働かせることでリズムよく蹴ることのできる動感化能力を発生させている。また，上半身（胴体）と下半身（脚）をスムーズに連動させて無駄な力を

入れずに蹴る調和化能力も徐々に充実していく。主要局面ではボールのインパクトで体重移動もスムーズに行われ，タイミングよくボールに力を伝える伝動能力やリズム化能力の力動洗練化身体知の出現も観察することができる。

3. 習練目標としての「蹴る」

　基本的な蹴りかたには，目標に向かって正確にボールを蹴るインサイドキックがある。これはつま先を外側に開いて足の内側から踝の面を使うことで，ボールとの接地面を広くする蹴りかたである。さらに，目的に応じて，外寄りの足の甲から踝にかけてボールを蹴る「アウトサイドキック」や足の甲をボールの中心にヒットさせて蹴る「インステップキック」，バックスピンをかけて高くボールを上げる「チップキック」など，さまざまな蹴りかたの技術がある。ここではいろいろな蹴りかたができるようになれば，次のような動感能力を高めることを目標に志向体験させる。

(1) ボールコントロールができる蹴りかた

　ボールコントロールとは，目標に対して正確にボールを蹴ることである。そのためには方向や距離の違いに対してもボールを目標にコントロールして自在に蹴ることのできる動感化能力を充実させておくことになる。はじめは身体の向きや足の踏み出し方向など目標に対して身体を正対させて蹴ることができるように，自分の身体の向きと目標との位置関係（右，左，背中側など）を感じる定位感能力を充実させる。ボールをコントロールするには，いろいろな蹴りかたが確実にいつでも正確にできる形態化位相からいつでも思うように蹴れる自在位相のレベルにまで習熟を高めておくことが前提条件になる。また，状況の変化に応じて，どの方向にどのようなボールをどのタイミングで蹴るのかといった時間化身体知に裏づけされた定位感能力や目標までの距離を見極めて，その距離までを的確に蹴ることができる遠近感能力，自らが蹴ったボールに動感を伸ばすことでボールの行方に確信をもてる付帯伸長能力の動感能力を充実させながら身につけることになる。

(2) スピードの強弱をつけることのできる蹴りかた

　スピードに強弱をつけるとは，速いボールやゆっくりとしたボールを意図的に蹴ることである。そのためには，股関節や膝，足首といった各部位の力の入れかたや蹴るときのアクセントに強弱をつける。それは蹴るタイミングに合わせて力を入れたり抜いたりするリズム化能力や胴体から脚，膝，足首へと力の伝えかたを軟らかくしたり，強くしたりする伝動化能力の力動化洗練身体知を充実させることになる。それによって状況の変化や目的に応じてスピードをコントロールしたボールを蹴ることができるようになる。その際にどのようなスピードでボールを蹴るのかの判断は，ゲームの中で次の場面がどのような情況

に変化していくのか，情況の流れや攻防のフォーメーションの意味構造を読み取るカン身体知のシンボル化能力によって行われる。このシンボル化能力が充実してくると情況の変化などを読む先読み能力が働き，どこにどれだけの距離を蹴るのかを遠近感能力で感じとる。そこでの蹴りかたとして，〈流れくる未来の今〉を感じる予感化能力によってどんな強さで蹴るかを選択し，臨機応変に目的に応じてボールスピードに強弱をつけた蹴りかたができるようになる。

(3) 遠くに蹴ることができる蹴りかた

ゲームの中では，コートの遠くにいる味方に長いパスを蹴ることが求められる情況もでてくる。そのためには，ボールをできるだけ遠くに蹴ることのできる蹴りかたを身につけることになる。遠くに蹴るためには，軸足の強い踏み込みによって地面からの反発力を受け止めてその力を利用する弾性化能力とその力を胴体から足へと伝えてボールを力強く蹴ることのできる伝動化能力を充実させることになる。また，どの方向にどれくらいの距離を蹴るのかを感じるのは遠近感能力によってこの距離ならこれ位の蹴りかたができると判断し，距離に合わせた蹴りかたができるようにする。そこでは，どれくらい力を入れて蹴れば，どれくらいの距離までボールが届くのか，一回一回の蹴りかたの違いを動感意識として感じとる動感分化能力を充実させる。

(4) いろいろな蹴りかた

いろいろな蹴りかたとは，目的に合わせて正確にボールを蹴るために最も適した蹴りかたである「インサイドキック」をはじめ，方向を変えるのに適した「アウトサイドキック」，遠くに強く蹴るのに適した「インステップキック」，バックスピンをかけて高くボールを上げるときの「チップキック」などの蹴りかたがある。ゲームなどの局面では，情況が常に変化していることからカン身体知によって素早く情況を判断し，瞬間的に最も目的に合った蹴りかたを選ぶことが必要になる。すなわち，ゲーム展開のなかで次の情況がどのように変化するのか，その意味を読み解くシンボル化能力によって流れを読み，味方の誰にパスをするかを先読みできる先読み能力とどんな蹴りかたをするのかを選択と決定によって〈流れくる未来の今〉を感じる予感化能力を働かせて，どんな蹴りかたをするのかを選択と決定によってベストなパスやシュートの蹴りかたをすることになる。また，背後の見えない味方や敵の動きや情況の変化に気づく気配感能力によって瞬間的な判断でパスをすることになる。しかし，いくらカン身体知が働いて情況に応じた蹴りかたがわかったとしても，「そのような蹴りかたができない」というコツ身体知としての動感能力が空虚であればそこでのパスやシュートは意味を持たない。そのためにも情況に応じたいろいろな蹴りかたを身につけることになる。

4. 基本的な「蹴る」の動感指導の実際

(1) 足でのボールを操作する動感指導

　ボールを手で操作することは慣れ親しんだ動作であるが、ボールを足でコントロールして転がしたり、蹴ったりすることは、そのために必要な動感能力を発生、充実させておくことが求められる。足は身体を支え移動のために手よりその機能は優れているが、物を操作することでは手に比べると数段劣る。そのためにも足にボールがなじみ、自分の足にくっつくような感覚でボールタッチが足でスムーズに操作できる動感能力を身につける必要がある。ここではボールをコンタクトするためにボールとの距離や身体の向きを感じ、次の瞬間にボールはどの位置にあり、そのときの距離や身体の向きなど時間化身体知に支えられた定位感能力や遠近感能力によって感じとれるようにする。そこでは足の先から動感を伸ばしてコントロールできるボールの範囲を感じる伸長能力を充実させることで思い通りにボールを操作できる自在位相にまで高めることができる。

(2) ボールタッチの動感指導と動感素材

❶ 2人ボールタッチ

　2人組で向かい合って手をつなぎ2人の間に置いたボールの上に右足を軽く乗せる。かけ声をかけながらタイミングを合わせて、軽くジャンプして右足と左足を交互に入れ替えながら2人同時に足裏でボールにタッチする（図1）。

　動感指導のポイント　ここでは2人が右足や左足を交互に出してボールタッチのタイミングを合わせるために〈流れくる未来の今〉を感じる予感化能力とボールに確実にタッチしたことを感じる〈たった今の感じ〉の直感化能力を充実させる。それと同時にボールに対して常に身体が正対していることを感じる定位感能力と軸足をボールに対してどの場所に置けばよいかを感じとる遠近感能力も充実させる。慣れてくれば、2人で同じ側の足でボールタッチしたり、ボールを見なくてもボールの位置を感じとれる気配感能力とつま先や足の裏から動感を伸ばしてボールをタッチできる範囲に常にコントロールできる徒手伸長能力を充実させる。

図1

バリエーション

① 2人で回転しながらボールタッチを行う（図2）。

動感指導のポイント ジャンプして足を入れ替えるとき，軸足を移動させながら回転する。そのために軸足と身体の向きがボールに正対していることを感じる定位感能力，移動することでボールとの距離が変化するので瞬時にボールまでの距離を感じとる遠近感能力，ボールを常に身体の正面に置くことができるようにつま先で柔らかくボールタッチしてボールの場所をコントロールできる付帯伸長能力を充実させる。相手とのタイミングを合わせるために相手の動きかたを先読みできるように〈流れくる未来の今〉の予感と〈たった今の感じ〉の直感の時間化身体知に裏づけされた先読み能力を充実させる。慣れてくればボールを見なくてもボールがどこにあるかを感じる気配感能力も充実させる。さらに，2人で同じ側の足でボールタッチしたり，互いに違う足でボールタッチをしたりする。また，ボールタッチしながら前後，左右に移動してもリズミカルにボールをコントロールして自在にできるように自在化位相にまで高める。

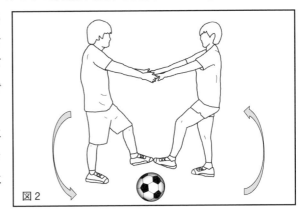
図2

(3) ドリブルの動感指導と動感素材

足のインサイド，アウトサイド，つま先，足の裏でボールを自在にコントロールして，自分の思った方向にボールをドリブルしながら移動することができる（図3）。

動感指導のポイント いつでもボールタッチができる場所にボールをコントロールして軸足を踏み出しながら移動することができるようにする。そのためには，身体からボールをあまり離してしまうことなく，ボールとの距離によって走るスピードを瞬間的に変化させ，ボールと身体の距離を一定に保てるようにする。そのためには〈流れくる未来の今〉の予感と〈たった今の感じ〉の直感の時間化身体知に裏づけされて，ボールとの距離を感じる遠近感能力を充実させる。そこではボールと足もとの距離を感じる遠近感能力によってボールタッチの強弱を調整し，自分の足の届く範囲内にいつもボールを置くように蹴り出しの感じをボールに伸ばす付帯伸長能力も充実できるようにする。ボールタッチの基本は，ボールを蹴りだすと

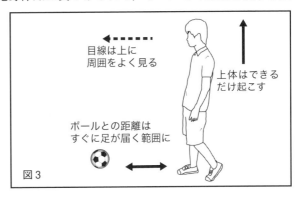
図3

きの付帯伸長能力と身体から動感を伸ばして感じとる徒手伸長能力のカン身体知に支えられている。それはできるだけ細かいボールタッチで数多くボールに触れるようすることであり，ステップが細かければ，急な動きの変化にも対応しやすく，足もとからボールが離れすぎるのを防ぐことにもなる。さらに，情況の変化や相手をかわすためにあらかじめ先を読むことのできる予描先読み能力と突発的な変化にも対応することができる偶発先読み能力のカン身体知を充実させることでドリブルの動感能力のレベルはさらに高まる。

　ドリブルでの体勢は，あまり前傾になりすぎないように，できるだけ直立に近い体勢を保つことを感じとる定位感能力によって常に修正することができるようにする。目線はずっとボールを見続けているのではなく，目線を上げながら周囲の情況を確認するカンとボールタッチのコントロールするコツが入れ替わる差異化現象によって周囲への視野が広くなる。それによって次の動きかたへの探りを入れる〈流れくる未来の今〉を感じる予感化能力や気配感能力が充実してくる。さらに，敵味方の変化する攻防の情況から類似的な情況の意味構造を読み取る情況シンボル化能力が充実することで，次の情況変化に対応できる最適なプレイに繋げることができるようになる。

❶ドリブル練習 - その１

①縦ジグザグドリブル走

　マーカーを直線上に等間隔で並べて，足のいろいろな部位を使ってマーカーの間をジグザグにドリブルを行う（図4）。

図4　ドリブル練習1

動感指導のポイント　ボールを遠くへ蹴るには，左右どちらの足が蹴りやすいか優勢化が問題になる。しかし，ドリブルでは，両方の足でボールタッチをしてコントロールしながら蹴ることを習練する。はじめは，左右の足のインサイド（足の内側）だけでボールタッチを行う。ここでは足の内側をボールに正対させてボールを真っ直ぐに蹴り出すことを感じる定位感能力，軸足をどれくらい踏み出せば正確にボールにタッチできる場所に置くことができるかの遠近感能力，足で蹴ったボールがあまり離れないようにボールタッチの強弱の感じをボールに伸ばす付帯伸長能力を充実させる。インサイドでできるようになれば，足の外側（アウトサイド）や足の裏側を使ってボールを転がしてドリブルをする。内側に転がしたり，外側に転がしたり，斜め前，後ろに引いて転がしたりすることで前後左右や斜

めの全方向に転がすことを目標にする。また，非常にバランスを崩しやすいため蹴るときの体勢を感じる定位感能力を充実させることで上体のバランスを保つようにする。さらに，ドリブルでスムーズに進むには，ボールへのタッチの加減が重要であり，繊細なボールタッチのためにタイミングを合わせるリズム化能力と柔らかくボールに力を伝える伝動化能力も充実させる。慣れてきたら上体を起こし，ボールから目線をできるだけ離して進行方向の前方に移すことで広い視野を確保できるようにする。それによって先の情況を読むことのできる先読み能力が働き，次の動きかたを準備する〈流れくる未来の今〉を感じる予感化能力が充実する。また，ボールタッチのタイミングが早いか遅いかを〈たった今の感じ〉の直感化能力で感じとり，タイミングのよいタッチの動きかたを再現する再認化能力も充実してくる。予感と直感を交互に反転できる差異的時間化能力に裏つけされた先読み能力や情況シンボル化能力も充実してくる。そして，徐々にスピードを上げていく中に，動感メロディーを奏でることでリズミカルにドリブルができる共鳴化能力，スピードを上げても瞬間的に対応できるとっさの偶発先読み能力も充実してくる。

❷ドリブル練習 - その2
①横ジグザグドリブル走（図5）

図5　ドリブル練習2

②8の字ジグザグドリブル走（図6）

マーカーを左右に間隔を広くしたり，狭くしたりして並べてドリブル走を行う。また，2個のマーカー間を8の字でドリブル走を行う。

動感指導のポイント　ここでは，ドリブル走のスピードを一定にコントロールし，自分のなかでドリブルの動感メロディーを流し出して，リズミカルにボールタッチをしてドリブルが

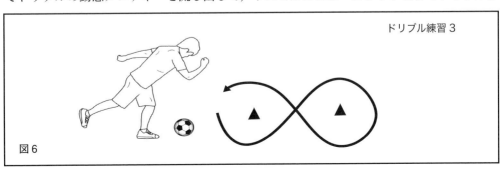

図6　ドリブル練習3

できるリズム化能力を充実させる。慣れてきたら，マーカーの間隔を変えたり，走るコースを変えたりしてもリズムの変化に対応できるように次のコース取りを読む先読み能力を充実させる。ここでの習練目標は，一本調子のスピードでドリブルを行うのではなく，意図的に緩急をつけたドリブルを行うことである。それは，ボールタッチの感覚やスピードを調整しながら次のコーンまでの距離を感じとる遠近感能力，常にバランスを保ち次のコーンに対して自分の身体の向きがを感じる定位感能力が充実することで，足先から動感を伸ばしボールが転がる範囲を感じとる徒手伸長能力が充実してくる。それによって，自分の動きかたに意識を向けコツや情況の変化を先読みするカン身体知を充実させることになる。

❸ドリブル練習 - その3
①合図に合わせてタイミングターン

一定のエリア内を自由にドリブルしながら移動する。指導者の声もしくは笛の合図で方向を変えるターンを行う（図7）。

図7

動感指導のポイント　ドリブルは足のインサイド，アウトサイド，つま先，足の裏のいろいろな部位を使って蹴り，ボールに対してタッチする部位や足の向きが蹴る方向に向いていることを感じとる定位感能力とボールまでの距離を感じとる遠近感能力，さらに，足先からボールまで動感を伸ばしてボールタッチの強弱でどこに転がるかを感じとる付帯伸長能力，また，次にどの方向にボールをコントロールして蹴るのかを先読みをして〈流れくる未来の今〉を感じる予感化能力を充実させる。慣れてきたら目線を上げ，周囲を見ながらでも進行方向に対してボールがどの位置にあるのかを感じとれる気配感能力によってドリブルがスムーズにできるようにする。

❹ドリブル競争
①リレー方式でドリブル（図8）

図8

動感指導のポイント　仲間と協力してチームで競争することで，うまくドリブルができるようにする。そのためにもっと早くドリブル走ができるように意欲的になる触発化能力を発生させ，コツを見つけようといろいろと動きかたの工夫ができるようにする。特に，ボールをコントロールするために足のどの部位で蹴るか，蹴る方向と強弱などがわかるようにする。まぐれであってもうまくできた偶発位相にある子どもはうまくできたときの動感を思い出して確認する再認化能力も充実してくる。ドリブル走のリズムを掴むために小走りでボールを足の近くに置くように蹴る付帯伸長能力と左右の足が同じタイミングよく蹴れるように動感メロディーを奏でる共鳴化能力を充実させる。それによっていつでもできる形態化位相へと動感能力が充実してくる。また，ドリブル走のコツがわかる図式化能力が充実することで思うようにできる自在位相へと動感能力が高まっていく。

（4）パスの動感指導と動感素材

　ボールゲーム（サッカー）を楽しむためには，パスは最も基本的な動きかたのひとつである。

　習練目標としては，ねらったところに正確に，思い通りの強さで蹴ることができるようにする。さらに，パスを繋ぐためには，パスの出し手と受け手の双方に的確な判断が必要になることから，受け手の動きをあらかじめ予測してあらかじめどこにパスを出すかといった先読みができる予描先読み能力やとっさに味方にパスを出すといった情況では偶発先読み能力を充実させることになる。パスを繋ぐためには，情況に応じて「いつどこへパスを出すのか」，「どこでパスを受けるのか」の選択と判断を瞬時に行うカン身体知が特に重要になる。このことからもパスの出し手と受け手の双方に相手の動きを読みながらパスを出す先読み能力を充実させておくことになる。

❶ インサイドキック

　基本的なパスでの蹴りかたは，足の内側で蹴るインサイドキックである。インサイドキックは，足の内側の最も広い部分で蹴り，ヒットする面が大きくなるので正確に蹴ることができる（図9）。

　動感指導のポイント　基本的な蹴りかたは，まず軸足をボールの真横に接地し，身体とボールの距離がいつも同じようになる定位感能力と遠近感能力を充実させる。正確に蹴るためにはボールに対して軸足の位置が重要になる。ボールと立ち足の距離は，近すぎず，遠すぎず，個人によってタイミングよく蹴る最適な位置がある。繰り返しの習練によって，ボールに対してどの位置に軸足を踏み込むのがよいかを感じる遠近感能力を充実させることで，最適な距離感を身につけられる。ボールを蹴るときには，どの方向にどれくらいの強さで蹴ればボールが正確に飛んでいくか，蹴ったときの感じをボールに伸ばす付帯伸長能力とそのために身体の向きや蹴り足の方向がわかる定位感能力を充実させることが求められる。

❷ 2人組での対面パス

　3～5mの距離で2人が向かい合いパスの強弱や正確性，距離感などを身につける（図10，図11）。

　動感指導のポイント　パスの蹴りかたの成否は，ボールの中心をまっすぐに押し出すようにしっかりと蹴るための軸足の踏み込む位置がポイントになる。そのためボールに対して正しい位置に踏み込み足を置くことを感じる遠近感能力と踏み込み足と身体の向きが目標に対

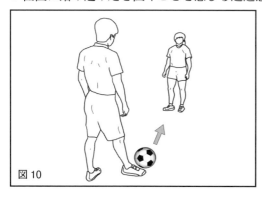
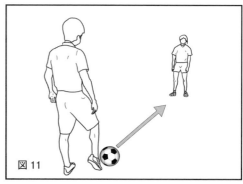

して正対していることを感じる定位感能力を充実させる。また，踏み込みから正確に蹴るために準備局面での蹴り足のバックスイングが蹴る方向に対して先取りの動感意識がもてる局面化能力を充実させることになる。

　軸足のつま先を目標に向けてボールの真横にしっかりと踏み込み，踏み込んだ足の膝を軽く自然に曲げることで地面からの反動を利用する弾性化能力を働かせ，蹴り足の内側でボールを蹴る。そこでは軸足に対して蹴り足の足首の向きが常に目標に対して直角になっていることを感じる定位感能力を充実させる。はじめのうちは，ボールから目を離さず，確実にボールの中心を足の内側でヒットするために身体全体のバランスを崩さないようにスムーズに蹴る調和化能力も充実させる。

　足の内側の広い面の部分を，目標に向かって押し出す蹴りかたで，正確に目標に向かうパスが出せるようになる。それに伴ってタイミングよく蹴れたときにコツを確かめる図式化能力も充実し，情況に応じてどこにどのようなパスを出すかなどを判断するカン身体知が充実してくる。さらに，うまくいったときやうまくいかなかったときなど一回一回の動きの違いを感じる動感分化能力が充実する。それによって準備局面での軸足の踏み込みから主要局面での足の内側でのインパクト，終末局面での足の振り上げを動感意識ができる局面化能力も充実してくる。

【つまずき例】
①軸足がボールの横ではなく手前に着いてしまう
②軸足に体重をうまく乗せることができない
③蹴り足を伸ばすことができない

　軸足となる踏み込み足の場所がわからない子どもは，ボールの横に軸足を踏み込むためにボールまでの距離を感じる遠近感能力がまだ充実していない。それによって踏み込み足の位置が定まらず，上体がうしろにのけぞり，重心が後ろに残った状態での蹴りかたになってしまうことが多い（図12）。そのため正しい場所への軸足の踏み込みと踏み込んだときに前傾姿勢がしっかり保てるように動感意識を持たせる指導を行うことで，体感身体知としての定位感能力，遠近感能力とコツの身体知としてのうまく蹴れたときの感じがわかる価値覚能力，蹴るタイミングのリズムを掴む共鳴化能力が充実してくる。

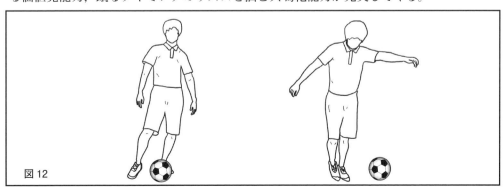
図12

❸ コーンスルーパス

2人組になり5m位の間隔で向かい合う。2つのマーカーの間をボールが当たらないようにお互いパスを行う（図13）。

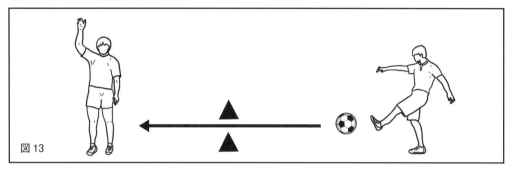

図13

動感指導のポイント この習練では，軸足の着く位置と身体がボールに対して常に正対していることを感じる定位感能力，足の内側でしっかりインパクトするために足の内側でボールの中心に合わせて蹴り出すための〈流れくる未来の今〉を感じる予感化能力，マーカーと相手までの距離がわかりどれくらいの強さで蹴るのかを感じる遠近感能力と蹴った後のコーンの間をボールが正確に通過するように蹴った感じを伸ばす付帯伸長能力を充実させることにある。また，左右の足を変えても目標に対しての向きを感じる定位感能力と不得意な足でも正確に蹴ることができる優勢化能力も充実させる。慣れてきたら二人の間隔を広くしていくことで，距離の違いによって蹴る力の入れ方の違いを感じる動感分化能力と足の振り下ろしの勢いをボールに伝える伝動化能力などの洗練化身体知も充実させることになる。

❹ 股抜きパスゲーム

2人で向かい合わせ（5～10m位の距離）に立ち，片方が足を開いて立ってもう一人は相手の股を通すといった股抜きゲームをする（図14，図15）。

動感指導のポイント 相手の股の間にパスを通すためには，正確な方向にボールを蹴る必要がある。まずは短い距離からはじめ，どれくらいの距離だと正確に股抜きパスができるのか，できるようになれば少しずつ離れても距離に合わせて蹴ることができる遠近感能力を充実させる。さらに，数人を一列に並べて行うトンネル股抜きの人数を増やすなど，ゲーム感

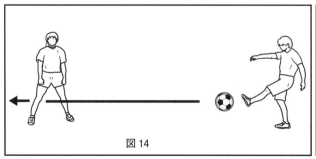

図14

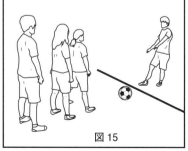

図15

覚でいろいろな蹴りかたを行うことで，何回もチャレンジしようとする触発化能力がもっと正確に蹴るコツを掴むことに繋がる。うまく相手の股を抜ける蹴りかたの感じがわかる価値覚能力によって，いつでも安定してできる蹴りかたのコツがわかり，そのコツを確認できる図式化能力も充実してくるようになる。

❺ いろいろな的当てパス
① 3〜5m離れた場所から的を目当てに蹴る（図16）
② 台の上に置いた的をめがけて蹴る（図17）
③ 的をボーリングのピンに見立て蹴る（図18）

動感指導のポイント　①の的を目当てに正確なパスをするには，強く蹴る，やさしく蹴る，転がして蹴る，ボールを浮かして蹴るなどその状況に応じた適切な蹴りかたの動感能力が必要になってくる。そのために状況を把握できるカン身体知を働かせて，状況に応じた蹴りかたができる動感能力を身につける。

②の的当てゲームでは，大きさや形の違う的をめがけて蹴ることで，目標までの距離や的の大きさによってボールのスピードの強弱をどれくらいにすればよいかを感じとる遠近感能力が充実してくる。台の上に置いた的をめがけて蹴ることで，ボールを浮かせて蹴るコツを身につけ，足先から放たれたボールが目標に向かって飛んでいく感じをボールに伸ばす付帯伸長能力も発生する。そこでの動感能力としては，軸足を着く位置を感じる遠近

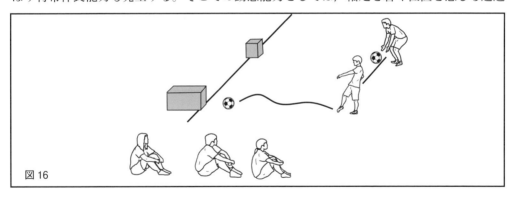

図16

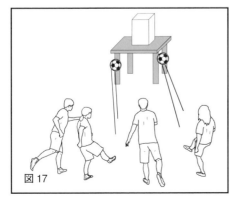

図17

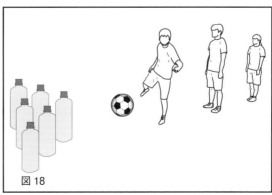

図18

感能力，方向と足のどこで蹴るのを感じる定位感能力，足先に動感意識を集中させてボールのコースをねらう先読み能力などが充実してくる。

③の的をボーリングのピンに見立て強く蹴るためには，助走をつけて蹴ることになる。その時，ボールまでの距離を感じて合わせる遠近感能力や身体の向きや軸足の着く位置を調節する中で正しい足の置きかたを感じる定位感能力が充実してくる。また，助走の勢いをボールに伝えるため踏み込み足による膝の弾性を利用する弾性化能力と上体から下腿，足首への伝動化能力が充実してくる。

❻三角パス

3組に分かれて三角形の等間隔に並び，パスをもらった側と反対方向にパスを出し，パスをした方向に走って列の最後尾に並ぶ（図19）。

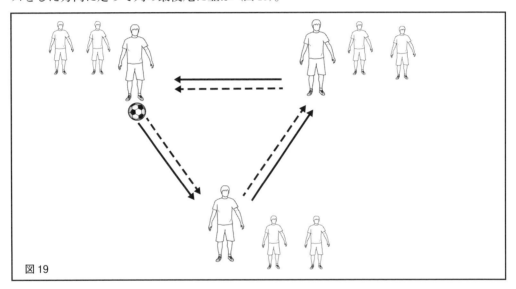

図19

動感指導のポイント　ここでは，パスを受けるときとパスを出すときの方向が違ってくる。斜め右側から来るパスに対してまずは正対して構え，左足をボールに対して直角にインサイドで受ける。さらに斜め左側にパスを出すためには，軸足を入れ替えて受けた反対側の足でパスをすることから，パスの方向に身体の向きを正しく向けることを感じる定位感能力が充実してくる。また，受けたときにボールをどの位置でトラッピングするかを感じとる徒手伸長能力と右足で蹴るために足を踏み替えてボールの横に正確に軸足を置くことを感じとる遠近感能力も充実していく。三角パスを連続するなかで受ける，蹴る，走るが一連の流れとして組み合わせ局面を動感意識することで次の局面の動きかたの先読みをしながら動く局面化能力も充実してくる。

(5)「蹴る」のカン身体知と動感素材

❶ボールタッチでのカン身体知と動感素材

ここではディフェンスとなる相手をつけて行うが，これまでに身につけたボールタッチとドリブルの動きかたがいつでもできる形態化レベルに達していることが前提になる。それによって相手にボールを取られない動きかたをするために，自分に対して相手が前後左右どの方向にいるのかを感じる定位感能力とどれくらい離れているのかを感じとる遠近感能力をより充実させる。ボールが自分の足先から離れてもその位置や距離などを感じとりボールタッチのできる範囲を感じとる徒手伸長能力を充実させる。このような能力が充実することで，ボールを見なくてもボールをコントロールができ，相手の動きを先読みして相手に取られないように，ボールを自在に扱うことができるようになる。そこでは足でボールをコントロールしながらボールタッチするコツの身体知と相手にボールを取られないように相手の動きを先読みするカン身体知が交互に動感意識を反転化できる動感能力も充実してくる。

① 1対1ボールキープ

ボールコントロールができるようになると次に相手（ディフェンス）をつけて行う。範囲をサークル内に決めて1対1でボールをキープする。ボールを取られるか，サークルからボールが出ると相手ボールから再度スタートする（図20）。

図20

動感指導のポイント ディフェンスをつけて行うには，相手にボールを取られないようにボールコントロールする動きかたのコツを身につけることが大切になる。ここでは相手が次にどのようにボールを奪いに来るのかの動きを読む気配感能力と〈流れくる未来の今〉を感じる予感化能力に裏づけされた先読みができるカン身体知を充実することにある。さらにボールタッチをしながらカン身体知によって相手の動きを先読みできる能力とそれに対応できる「そのように動くことができる」というコツ身体知を充実させることになる。

❷ドリブルでのカン身体知と動感素材

足でボールを自在にコントロールしながら，相手に取られないように思ったところにボールを運べるようにする。ここではボールを自在にコントロールできるコツ身体知を身につけておく必要がある。しかし，ゲームのなかでは敵味方との攻防のなかで相手にボールを奪われないようにドリブルをするためには，これから未来に起こる動きに探りを入れる

予感化能力に裏づけされた先読み能力やゲーム全体の情況を把握できる情況把握能力のカン身体知が働かなければならない。すなわち，相手の動きの先読みや多様に変化する情況を読み取れないままでは，自分勝手にドリブルしてもそれは場違いの動きかたということになる。そのためにもボールタッチの強弱の調整を意識しながら，相手の動きを感じとる気配感能力と次にどのような動きかたをするのかを〈流れくる未来の今〉を感じる予感化能力を働かして相手をかわしながらボールを扱う。相手に取られないように自分も動くといったいくつかの要素を統合して動ける調和化能力を充実させる。

①ドリブル鬼ごっこ（コーン周り）

　2人組になって鬼を決める。マーカーを2～3m離して置きドリブルしながらマーカーの周りを鬼が逃げ手に追いつく（図21）。

動感指導のポイント　ここではドリブルでボールをコントロールしながら鬼が逃げ手を追っかけることになる。そのとき鬼はボールと逃げ手の位置によって身体をどの方向に向けてドリブルするかを感じる定位感能力と逃げ手までの距離によってどれくらいのスピードでドリブルをしながら追いかけるかを感じる遠近感能力，逃げ手は鬼がどちらの方向から追っかけようとしているのかを感じる気配感能力が充実する。また，常に未来に起こりうる相手の動きかたの変化に対して探りを入れる予感化能力によって，お互いに次の動きを読む予描先読み能力と相手のフェイントなど瞬間的に判断をする偶発先読み能力を充実させる。

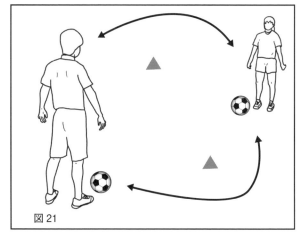

図21

②1対1の混雑ドリブル鬼ごっこ

　コートの範囲をマーカーで作り，2人組になり相手を決め，片方が鬼になる。どちらもドリブルしながら，時間を設定して鬼ごっこを行う。鬼は相手のボールをコートの外に蹴り出したら勝ちとする（図22）。

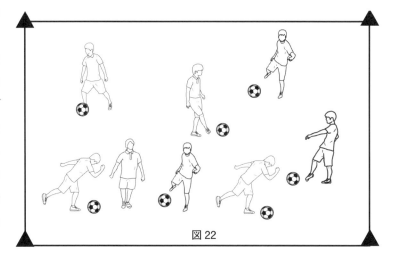

図22

動感指導のポイント ここでは，他のチームの人を避けながらいろいろな情況に応じてドリブルができるようにする。これは，周囲の情況を見ながらドリブルが思うようにできる自動化やゲームの中で情況に応じて動けるようにする。刻々と変化する多様な情況のなかでもあらかじめ先を読むことやとっさに先を読むことができる先読み能力，他の組の位置関係がわかり逃げるスペースを探すための情況判断能力と次の場面でどのような位置関係になるのかを感じとる情況シンボル化能力を充実さる。また，ボールタッチや方向変換などがリズミカルにスムーズなドリブルができる調和化能力とリズム化能力を充実させる。

❸パスでのカン身体知の発生と動感素材

パスを出すとき相手に邪魔されても，ねらったところに正確に，思い通りの強さで蹴ることができるようにする。

①4対1パス回し

ミニコートを作り，4人でボールを回し，鬼の1人がボールを取りに行く。取られた人が鬼を交代する（図23）。

動感指導のポイント 蹴る方向に対して軸足をボールの真横にしっかりと置き，身体からの距離がいつも同じになるようにボールにアプローチできる遠近感能力を充実させる。足の内側（インサイド），外側（アウトサイド），甲（インステップ），つま先（トウ）のそれぞれでボールの中心をとらえて正確にボールを蹴るためには，どのような蹴りかたをするか足の向きを感じる定位感能力と蹴る感じが足先からボールまで伸びて蹴った後のボールが正確に相手に届くように蹴る付帯伸長能力が充実する。パスの強弱や正確性，距離感などを合わせることの感覚を身につけさせることで遠近感能力と伝動化能力が充実してくる。また，相手の動きかたを見極めて先読みをして，取られないようなパスを出す方向を選択することで予描先読み能力と偶発先読み能力のカン身体知を充実させていく。

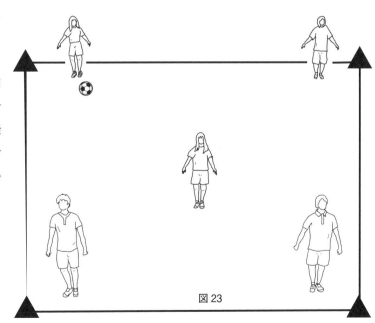

図23

III 「打つ」

1.「打つ」の動感構造

　「打つ」という動感形態は，主にネット型およびベースボール型の攻撃局面に用いられる。この「打つ」には種目特性に応じて，バレーボールのスパイクやサーブのように自分の手で直接ボールを打つ形態とラケットやバットなど用具を用いてボールを打つ形態に大別される。また，ゲームでは，いろいろと情況が変化することから飛んでくるボールの球種やコースは常に一定ではない。情況が変化するなかで飛んでくるボールを「打つ」には，ボールがどこからどのように飛んでくるのかを先読みするカン身体知とそのボールをうまくヒットして打つコツ身体知が表裏一体となって働くことになる。つまり，カンとコツの動感意識が「現れ」と「隠れ」の反転化現象として常に入れ替わり，球種やコースを読みながらそれに応じた打ちかたで打つことになる。

　「打つ」という動感形態には，動感意識として準備局面，主要局面，終末局面という非循環運動としてのひとつのまとまりある動感構造をもっているのが一般的である。

　準備局面では，飛んでくるボールに対してどのように打つのかの先読みが行われる。そこでは飛んでくるボールのコースに対して自分がどのような位置関係になるのかを感じる定位感能力やどこからどんな速さでボールが飛んでくるのかを感じる遠近感能力によってタイミングや打ちかたをイメージして，〈流れくる未来の今〉を感じる予感化能力を働かせて準備体勢をつくる。また，「打つ」という攻撃的な特徴を生かすためには，飛んでくるボールの状態や相手の守備位置に応じて「どこに打つのか」という情況を先読みし，「どのような打ちかたをするのか」という「打ちかた」の選択を瞬時に判断できるカン身体知も求められる。これらの動感能力に支えられて，ボールを打ち出す方向に対して，重心を後ろ足に移動させながら腕やバットを反対方向に引く構えの動きが準備局面になる。この反対方向への動きのなかでは身体をひねったり，腕を振り上げながら身体を反らしたりして，次の主要局面でボールに力を伝える伝動化能力や打つタイミングを計り，動感メロディーを奏でるリズム化能力が〈流れくる未来の今〉を感じる予感化能力などが共に働いている。

　次の主要局面は，実際にボールを打つための局面である。足の踏み出しによって地面からの反動を作り出す弾性化能力を利用し，下半身からはじまる回旋運動を体幹（胴体）から腕，手首へと順に力を伝える伝動化能力と一連の動きがスムーズに行える動感メロディーを奏でるリズム化能力によって腕や用具をタイミングよく振ることでボールを打つことになる。ボールを〈今ここ〉で打つという打点時に，どのような体勢と向きで打とうとす

るのかを感じる定位感能力と飛んでくるボールのコースに対して腕や用具を振り出す距離を感じとる遠近感能力，どこにどんな打ちかたでボールを打つのかのねらいをもって振る〈流れくる未来の今〉を感じる予感化能力，打った瞬間のヒット感を〈たった今の感じ〉で残す直感化能力などの始原身体知が働いている。また，足でしっかりと踏ん張ることで地面からの反動を利用する弾性化能力とその力を体幹から腕，手首に伝える伝動化能力がスイングの勢いをボールに伝えることになる。さらに，手または用具の違いによって，打つ方向やボールの強弱など打ちかたの違いをさまざまに変化させることになる。ボールに適切な力を加え，ねらった方向にボールをコントロールして打つには，目標に向かって飛ぶ感じをボールに伸ばして打つ付帯伸長能力が働いている。また，飛んできたボールを「打つ」ときには，打った瞬間の感じを〈今〉に残す〈たった今の感じ〉の直感化能力によって，今の打ちかたや打つ感じが「よかったか」「当たり損ないか」を判断する価値覚能力も働くことになる。

最後の終末局面は，ボールを打ち終わった局面である。ここでは腕の振りの勢いを制動して，体勢のバランスを整え直し，安定した体勢で終了もしくは次の動きに繋げる準備局面にもなる。特にネット型の球技では，ボールを打った後にラリーで返ってくるボールに対応することになる。そのためにカン身体知の先読み能力を働かせて次の動きかたの準備局面へと即座につなげていく必要がある。また，ベースボール型では，バットを振り終えた終末局面が一塁に向かって走る準備局面となるため，体勢を整えながら，足を踏み出して走り出す融合局面になる。

2．「打つ」の動感能力

ボールを打つための基礎的な動感能力として，腕や用具を振ってボールを打つコツ身体知をまず充実させておくことになる。この動感能力は，主要局面で腕や用具を振る動きに限定した打ちかただけの能力ではない。そこには身体全体を巧みにバランスよく動かすことで腕や用具の振り（スイング）を勢いづけたり，あるいはコントロールしたりするスイングのコツがわかる身体知である。もちろん，特に幼児や低学年の子どもにみられる打ちかたの発生過程での「手打ち」のスイングは，打つという動きかたの習得過程において意味のある発生プロセスといえる。しかし，この打ちかたの発生過程で，特に志向体験させたい動きの感じは，単に「ボールに当てる」だけではなく，積極的に「ボールを弾き返す」という攻撃的な意図を含んだ打ちかたである。

したがって，ここでは準備局面としての構えから主要局面でボールにヒットさせ，さらに終末局面でバランスを整えるという一連の動きのなかで動感メロディーを奏でることになり，リズミカルに力が伝動された流動的な打ちかたを習得することになる。そのためには，足の踏み込みによって地面からの反動を利用する弾性化能力と下半身を安定させて腰・

上体・肩などへ力を順次伝える伝動化能力によって，腕や用具を勢いよく，またはコントロールしてスイングができることが動感指導のポイントになる。さらに，飛んできたボールを打つときに，フルスイングで強打するのか，スイングスピードをコントロールするのかなどの力の入れかたの違う打ちかたのコツがわかり，それを確かめる図式化能力も充実させておくことになる。また，遠くへ飛ばす打ちかたや方向をねらう打ちかたなどその違いを感じる動感分化能力も充実させる。

さらに，情況に対応していろいろな打ちかたが求められるが，「このように打ちたい」と意図的な打ちかたを志向するときには，過去に出会ったことのある類似した打ちかたの動感メロディーの感じを呼び戻し，その感じを〈今ここ〉の打ちかた取り入れることのできる再認化能力も必要になる。このように，スムーズで力強いスイング形態を形成位相に応じて志向体験していくなかに，種目特有の戦術的な目的に合った打ちかたに対する動感意識が明確になり，打つことの楽しさへと繋がっていく。また，「今どんな感じで打ったか」と打ちかたの良し悪しの判断を動感感覚質として評価する価値覚能力が充実してくるとさらに打つ楽しさが深まっていく。

様々に情況が変化するゲームの中で飛んでくるボールもしくはトスによって上げられたボールをタイミングよくねらいをもって打つには，情況の変化を読むことのできるカン身体知が不可欠になる。しかし，そこではリズミカルに力動的に腕や用具を振ってボールを打つコツ身体知を身につけていることが前提になってくる。また，カン身体知が働かずに飛んでくるボールをうまく打てたとしてもそれが的外れな方向であれば，それは本質的な志向目的の打ちかたが達成されたとはいえない。

「打つ」という習練目標では，「ボールをよく見て打て」などのように動体視力や注視することを課題に指導をすることが多い。しかし，ここではボールがどれくらいの距離からどんなコースとスピードで飛んでくるのかを感じとる遠近感能力と予描先読み能力を基に，どんな感じで打とうとするのか〈流れくる未来の今〉を感じる予感化能力が働かなければ，打つことはできない。そこでは，〈今ここ〉の自分の場所や向きを感じる定位感能力と時間化身体知によって，ボールが自分のところにどのように飛んでくるのかが瞬時にわかる先読み能力のカン身体知が求められる。それは飛んでくるボールを「受ける」ときなどに働くカン身体知と同じである。飛んでくるボールがどのような情況のなかでどんなコースで飛んでくるのかをあらかじめ読める予描先読み能力とどの範囲にボールが飛んでくれば打てるのかの感じを伸ばす徒手伸長能力が空虚であれば，いくらボールを注視したとしても「このように打とう」とするスイングとボールとの軌道は合致せず，ミートは起こり得ないのである。

このように「打つ」という動感形態は，「飛んでくるボール」に対するカン身体知とそのボールを打つコツ身体知の二つの身体知の巧みな絡み合い構造によって成り立っている。つまり，飛んでくるボールの軌道やそのタイミングを読む先読み能力とそこに腕の先

や用具の面まで動感を伸ばし振ることができるという伸長能力などのカン身体知が働くことで打つことができる。しかし，そこには腕や用具でボールを打つには勢いよく力を伝えることのできる伝動化能力やリズミカルに振るリズム化能力が働き，ボールが当たった瞬間の感じを残す〈たった今の感じ〉の直感化能力によって，そのスイングの良し悪しが判断できる価値覚能力とその打ちかたのコツを確かめる図式化能力などのコツ身体知に支えられていなければならない。そこには，カンとコツという二つの身体知はどちらかが意識に現れるとどちらかが背後に隠れる〈現れ〉と〈隠れ〉の相互隠蔽原理に基づき，入れ替わりによって反転する差異化能力を充実させることになる。打つといっても複雑な動感構造をもつため，いつでも打てるという形態化位相に至るまでの習得プロセスにいろいろな問題を抱える学習者は少なくない。

「打つ」という動感形態は，主に「攻撃する」「相手のコートにボールを返す」という能動的な意味構造を含んでおり，ゲームでは積極的で攻撃的な展開を生み出し勝敗を決定づけるなど競争力向上のためには欠かせない動きかたといえる。

3. 習練目標としての「打つ」

飛んでくるボールのコースや打ち返す方向によって，目指す打ちかたは大きく変化する。たとえば，上から打つ，横から打つ，下から打つ，フルスイングで打つ，バントのように振り切らないで当てるように打つなどである。このように，いろいろな打ちかたができるには，その打ちかたに求められる基本的な動感能力を身につけることになる。

(1) ボールに正確に「当てる」打ちかた

正確にボールに「当てる」には，ボールが飛んでくる位置とそのスピードを感じとる遠近感能力によって，どのようなボールがどのコースで飛んでくるのかを先読みすることで，それに合わせたスイングができるようにする。そのためには全身体を使い，胴体から肩，腕，手首へと力を伝える伝動化能力を充実させて安定したスイングが前提となる。さらに，一回一回異なったコースやスピードのボールに合わせられるスイングコントロールの動感能力も充実させておく。はじめからダイナミックなフルスイングを求めるのではなく，準備局面からの振りはじめのタイミングや主要局面でボールのコースに合わせて，まず「当てる」ことができるスイングスピードでヒットできるようにする。確実にボールにジャストミートさせる能力は，打った瞬間の感じを残す〈たった今の感じ〉の直感化能力によって「ボールにうまくミートした」「うまくミートしなかった」という打ったときの感じの違いがわかる動感分化能力を充実させる。それによって「うまく当たった」ときのコツがどんな感じであったかを確かめる図式化能力を基に動感的反復によって安定していく。つまり「このボールは，このような振りかたをすればうまく当たる」という動感意識をもって

スイングする。この「当てる」コツをつかむことで，新しい打ちかたやいろいろな打ちかたへの動感志向が高まる触発化能力によって，「打つ」ことの楽しさが一気に広がっていく。

(2) ボールを強打する打ちかた

ここでは，正確にボールを打つという動感能力に支えられ，より強く遠くに打つことを目指す。スイングのスピードを高め，ヒットポイントで強く打ち返すことは，攻撃的なゲームを展開する上で必要な能力となる。テイクバックからの足の踏み込み，全身のひねりやタメなど準備局面でしっかり体勢をつくる。次に飛んでくるボールのヒットポイントに合わせてボールに力が伝わるように振りはじめから体幹，肩，腕と力が伝わる伝動化能力とタイミングを合わせてスピーディーで調和のとれたスイングができる調和化能力を充実させる。また，手でボールを打つときやバット・ラケットなどの用具でボールを打つときに，どんな感じでボールをヒットしたかを感じる伸長能力が働くことで正確で強い打点となり，ボールスピードに打ち負けない打ちかたを身につけることになる。

(3) ボールに強弱をつける打つかたや方向をコントロールする打ちかた

バレーボールでは，スパイクに強弱をつけたり，方向に変化をつけたりしてねらった場所にボールを落とす打ちかたがある。このような打ちかたは戦術として用いられる発展的な技能といえる。ここでは，スイングやミート時に強弱をつけること，手首のスナップによって打点で変化を加え，ねらったコースにボールをコントロールして落とす打ちかたができるようにする。そのためには，「どのように打てば，ねらったコースに打つことができるのか」という動感意識をもって，インパクトの瞬間にねらった場所にボールが飛んでいくことを感じとる付帯化伸長能力を充実させることになる。ここでは「的当て」などの動感意識をもたせて習練する。このように意図的にボールをコントロールできるようになれば，ゲームのなかで情況を判断し，ここで習得した打ちかたを用いてゲームをより面白く発展させることができる。

(4) いろいろな打ちかたができる

相手の動きやゲームの流れの情況を感じとる気配感能力や情況把握能力のカン身体知が充実してくると，それに応じていろいろな打ちかたができるようにする。準備局面をできるだけ小さく短くしてボールに当てることを目的としたハーフスイングでの打ちかた，準備局面で全身のタメをつくり思い切り振り抜くフルスイングの打ちかた，方向や強弱を変化させ，コントロールしてねらったところへ打ち返す打ちかたなどがある。さらに，ボールにミートする部位をずらしてボールに回転を加えて，コースが変化するような打ちかたなどいろいろな打ちかたを身につけることでゲームでの作戦に使えるようにする。

4．基本的な「打つ」の動感指導の実際

(1) ボールを「打つ」の動感指導

　ボールを「打つ」ための基本的な動感指導では，速いスピードで飛んでくるボールや変化の予測がつきにくいボールを「打つ」前に，まず止まっているボールやゆっくりと飛んでくるボールを手や用具で「合わせる」「当てる」ことからはじめる。ここでの「打つ」という動感能力には，飛んでくるボールに手や用具を「合わせる」という意味において，「受ける」ときに働くカン身体知と類似した動感をもっている。しかし，「打つ」ときには，ボールとのミートポイントでボールを「弾き返す」ことが目的となるため，能動的で力動的な「当てる」という動感能力が働くことになる。つまり，手や用具がボールとミートするインパクトの瞬間に「弾き返す」という積極的な動感能力の働きが前提となる。「打つ」ことの習練過程での指導では，手や用具で積極的にボールに当てて弾き返そうとする動感意識が打ちかたのなかに現れているかどうかを観察することが大切になる。

　また，「打つ」という動きかたには攻撃性という意味構造が内包されている。たとえ，飛んでくるボールのコースやスピードを的確に先読みして，どのようなボールが飛んでくるのかがわかるカン身体知が働いたとしても，そのボールを「弾き返す」ためのスイングができるコツが働いていなければ打つことはできない。たとえば，ボールとのミートが上下・左右に毎回ズレていたり，インパクトでのミートのタイミングが合わずに「打ち負ける」ようなスイングを繰り返していることがある。このような打ちかたのスイングをいくら反復しても，準備局面からの力まかせのスイングやインパクトでボールに力がうまく伝わらないスイングとなり，悪い癖だけが身につく。それだけに情況の変化がわかるカンの動感指導だけではなく，ボールを的確にヒットできるスイング自体のコツがわかる動感指導が大切になる。そのためには，飛んでくるボールに対して手や用具をどのような振りかたをすれば，どのようにボールを「弾き返す」ことができるのかという動感能力を充実させることになる。

　「打つ」ための基本的な動感能力としては，飛んでくるボールのコースを〈流れくる未来の今〉の予感化能力によって，あらかじめ先読みする予描先読み能力と自分の身体のどの範囲に飛んでくるのかを感じとる徒手伸長能力のカン身体知が働くことで「合わせる」ことができる。さらに，どのような打ちかたをすればうまくボールを「弾き返す」ことができるのかというコツ身体知も入れ替わりながら差異的に働くことになる。そして，ボールをヒットする瞬間には，力の入れかたを感じ，ジャストミートの感じを残す〈たった今の感じ〉の直感化能力が働いている。また，手や用具を用いて打つときには，打たれたボールが目標に向かって飛んでいく感じをボールに伸ばすことのできる付帯伸長能力を充実させることになる。

遠くに勢いよく「打つ」場合は，インパクトでボールを力強く弾き返すために準備局面ではタメをつくり，それによって鋭いスイングを生み出すために勢いを伝える伝動化能力が充実するように動感指導をする。ねらったところへ「打つ」場合は，スイングに強弱をつけてミート時にボールの方向を自在にコントロールができるようにする。そのためには手や用具にまで動感を伸ばしてボールをコントロールする付帯伸長能力が基本的な「打ちかた」の動感能力であることを理解して動感指導することになる。

(2) ボールに「当てる」「弾く」の動感指導と動感素材

❶１人風船トス

　風船を自分の直上に連続して打ち上げる。手と風船が当たる高さや位置などが変化しても安定して当てられるように，頭の上だけでなく胸の高さや膝の下で，また歩きながら行う（図1）。

　動感指導のポイント　風船の軽くて柔らかいという素材特性を生かし，時間・空間的に余裕のある情況下で風船と手を「合わせる」という動感を発生させる。風船の落下に対してどの位置取りをすれば「当てる」ことができるか，風船に対する身体の向きや場所を感じる定位感能力と風船との遠近を感じとる遠近感能力を充実させる。また，手で風船を「弾き返す」ポイントやどのように突けば「弾く感じ」が生まれるのかという力を伝える伝動化能力の充実を促す。思うように「弾き返す」ことができれば，連続してできるようにし，「打つ」ための〈今ここ〉を感じる始原身体知を充実させていく。

図1

　また，「当てる」強さ・方向・位置などを変化させることで，さまざまな打ちかたの感じの差にも気づくことができるようになる。さらに，うちわやラケット・バットなどを用いて打つことは，用具が自分の身体の一部となって用具にまで動感を伸ばす付帯伸長能力の発生を促し，用具を用いて打つ動感の発生につながっていく。

　さらに，風船の形状を変えることや風船にガムテープを張って軌道の予測がつきにくいようにする工夫やソフトバレーボールなどの軽い素材のゴムボールを用いることで，手や用具でボールを「当てる」「弾く」ことへの「なじみの地平」にもなる。

❷ボールをバントやボレーなどで「当てる」「弾く」

　振り幅をできるだけ小さくし，ミートポイントに投げられたボールを手やラケットの中心でとらえて当てることができる。次に，投げる距離やボールの速さ・軌道を変化させて

もそれに合わせて当てることができる。その後，徐々にミートポイントから振り幅を大きくさせていき，ハーフスイングで「当てる」ことやインパクトでボールに力を加えてボールを「弾き返す」ことができるようにする（図2，図3）。

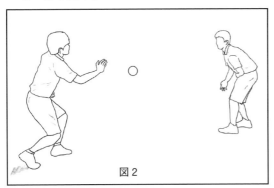
図2

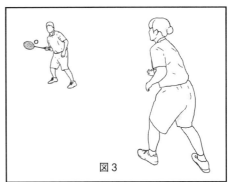
図3

動感指導のポイント　ここでは，スイングのテイクバックやフォロースルーを小さくし，手や用具でボールに「当てる」「弾く」という動感を身につける。野球のバントやテニスのボレーのように，しっかりとボールにミートすることの動感意識を明確にもたせる。それによってボールの飛んでくるコースやスピードに合わせるための遠近感能力やミートするタイミングを計る〈流れくる未来の今〉を感じる予感化能力の発生を促すことになる。バントやボレーでのボールの勢いを吸収する「受ける」という動感も含まれるが，ここでは打つための動感能力を養うことをねらいに，インパクト時に投げ手に向かって「弾き返す」ように当てるという動感意識をもたせる。

インパクトでの力の入れかたは，一回一回の感じの違いをふり返らせることで「当てる」感じの良し悪しを〈たった今の感じ〉の直感化能力でわかるように言葉がけをする。この感じが空虚であると動感の違いがわからずに価値覚能力も芽生えてこない機械的な反復練習となってしまう。

このように，ボールに力がうまく伝わるためには，どのように構えをとればよいか，どのタイミングで打つのかなどのうまくいったときの感じを呼び戻す再認化能力を充実させることで，準備局面のハーフスイングを取り入れた打ちかたへと発展させていくことになる。

❸ ハーフスイングでボールに「合わせる」「当てる」「弾き返す」

最初は用具を持たずに，手でワンバウンドやゆっくりと山なりに投げられたボールをテイクバックからスイングして，ミートポイントで合わせてキャッチする。慣れてくればテイクバックを大きくしていき，キャッチから手で「当てる」や「弾き返す」へと発展させ，徐々にスイングで打てるようにする。

動感指導のポイント　ハーフスイングで確実にボールを手でキャッチすることを繰り返すなかで，ボールが向かってくる方向に対して横向きでボールと自分の関係をつかむ定位感能力

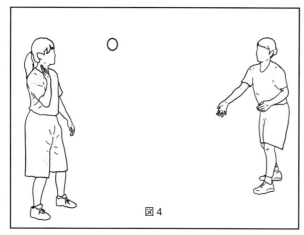

図4

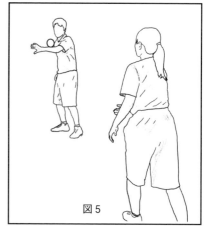

図5

と遠近感能力が充実してくる。また，テイクバックから腕をスイングさせてミートポイントでボールをキャッチできる範囲を感じとる徒手伸長能力，さらに，ボールとどのようにタイミングを合わせるかをあらかじめボールのコースを読むことのできる予描先読み能力を充実させることで，ワンバウンドやゆっくりとした山なりボール，少しコースを変えたスピードのあるボールなどさまざまな変化をつけてもキャッチできるようにする。それによってハーフスイングのなかでボールをキャッチするミートポイントとボールを「握る」ためにいつどのタイミングで力を入れるかのリズム化能力が充実してくる。

このハーフスイングでボールにミートできるリズム化能力が充実することで，スイングの振り幅を大きくしてもボールに手のひらを「合わせる」「当てる」「弾き返す」ことができるようになる。しかし，ボールゲームでの攻撃には，強く遠くに「打つ」ための力動感あふれるスイングのしかたを身につけなければならない。スピードがあり力強いスイングを生み出すためには，準備局面での「タメ」をつくり，手だけで当てに行く「手打ち」にならないように重心の移動と体幹のねじれによって力を伝えていく伝動化能力も充実させるようにする。

振り幅を大きくしてフルスイングをするとき，ミートポイントが早くなったり遅くなったり，スイングリズムや力の入れかたなど動きかたに調和の乱れが生じることがある。そのような動きの狂いに対して，ハーフスイングでの動きかたに戻ることで，もう一度そのコツの感じを呼び戻して再認することのできる再認化能力の充実につながる。

テイクバックからのスイングで「合わせる」ことに対して調和したスイングが確認できるようになれば，ミート時に「当てる」「弾き返す」という力動的な打ちかたに発展させたり，打つポイントを変化させたりしてねらった方向にコントロールできる「打ちかた」にも変容させていく。

❹ 止まっているボールを「打つ」

ここでは，静止したボールを打ちやすいミートポイントで「打つ」ことができるようにする。最初は，ティーやコーンなどの台に置かれたボールをバットやラケットで力強く「打つ」ようにする。強いスイングでボールに「当てる」感じが掴めてくれば，ボールの高さや大きさを変化させ，多様なミートポイントにスイングを「合わせる」ことができるようにする。また，準備局面から終末局面までをスムーズにスイングすることで，力強く素早いスイングでボールに力が伝わるように「打つ」ことができるようにする（図6）。

図6

動感指導のポイント　ここでは，静止したボールをスムーズなスイングで「打つ」ことができるように準備局面から終末局面にかけて体幹から腕に力をうまく伝えることができる伝動化能力，タイミングよくミートできるリズム化能力，身体とスイングが調和していることを感じる調和化能力を充実させることになる。ハーフスイングから「合わせる」打ちかただけでは，「打つ」という力動的なリズム化能力は十分に充実させることができない。そのためにテイクバックでの「タメ」からフォロースイングまでの一連の流れとして，心地よく腕や用具を「振る」という「打つ」という本質的な動感能力を身につけることになる。

特にここでは，ボールに合わせやすい状況を設定し，リズムよく振れるスイングのコツをつかめるようにする。フルスイングはどのようなリズムで振ればよいのか，速くて強いボールにも打ち負けないようにするためには，どのような力を入れて打てばよいのかなど，打ちやすいボールを思い切り「打つ」ことを反復するなかで打ちかたの違いに気づく動感分化能力を充実させる。それによって，打ちかたに関する多様なコツがわかる図式化能力が充実していく。

（3）飛んでくるボールを「打つ」動感指導と動感素材

❶2人風船パス

2人で風船を連続して打ち合うことで，連続性や不規則なボールの軌道などを予測しながら「打つ」ことができる。最初は，2人で目標の回数を決めてラリーを継続できるようにする。次に，コートやネットを設けるなどして，限定した空間の中でねらいを持って「打つ」ことで，どこに風船を飛ばすか目標をもって打ち合う。また，安定してラリーが継続できるようにする（図7，図8）。

動感指導のポイント　風船を2人で「打ち合う」ことで不規則な風船の軌道に対してとっさに判断する偶発先読み能力のカン身体知を働かせて打てるようにする。相手の打ちやすいと

図7 図8

ころへ打ち返すためには，どこにどのように打てばよいかのコツを確かめる図式化能力が充実してくる。特に，バレーボールやテニスなどのネット型のボール運動では，1回だけで「打つ」ことを完結するのではなく，連続するラリーが習練目標になる。ラリーを続けることで，相手の反応や飛んでくるボールのコースなどを先読みできる予描先読み能力を働かせる。動感指導としては「打って終わりではなく，次に備えて準備する」といったカン身体知を働かせることでネット型の特有の「打ち合う」という面白さを動感として体験できるようにする。

さらに，コートやネットを設定することで，「打つ」目標がネットを越してコートの中に打つというねらって「打つ」ためのコツを探索し，確認できる図式化能力も充実してくる。

また，うちわやバドミントンラケットなどを用いて風船ラリーを行うことで，動感を用具まで伸ばして打つ感じがわかる付帯伸長能力を充実させることになる。学習者のレベルに応じて，ただ「打ち合う」ことやラリーの回数だけでなく，様々な打ちかたや用具などの条件を変えることで打ちかたの違いを感じる動感分化能力も充実してくる。

❷ ワンバウンドのボールを「打つ」

近い距離から山なりに投げられたワンバウンドのボールを手で打つ。最初は，学習者がミートしやすい位置にワンバウンドのボールを投げる。慣れてくれば，投げる距離やバウンドする方向，軌道などを変化させる。また，ラケットやバットなどで打てるようにする(図9)。

動感指導のポイント　はじめは，ボールの軌道を予測しやすいバウンドしたボールを打つことができるようにする。ワンバウンドボールを予測することは，投げられるボールの高さやスピードによって変わってくることから，〈流れくる未来の今〉を感じる予感化能力とあらかじめ先を読むことのできる予描先読み能力のカン身体知の充実につながる。また，ワンバウンドのどの局面で打つのかによってタイミングの取り方や打ちかたは異なっていく。ボールがバウンドしてからの上がり局面，頂点前後の停滞局面，落下する局面など，「打つ」タイミングに課題を与えて，ボールとの距離や身体の向き，どのタイミングで「打つ」かなど，遠近感能力や定位感能力，〈流れくる未来の今〉を感じる予感化能力と〈た

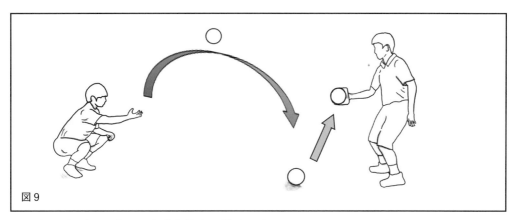
図9

った今の感じ〉を感じる直感化能力が働くようにする。そこでは，うまくヒットできたかどうかがわかる価値覚能力を充実させる動感指導が大切になる。また，ボールの種類によって弾み方が変わってくるので，どのくらいの位置からどのくらいの高さでどのように投げるかは，学習者の形成位相（技能レベル）に応じて行うようにする。

バウンドしてくるボールに合わせるために，テイクバックからフォロースルーまでのスイングのリズムを意識させて，心地よく「打つ」ことができるようにする。また，「前で打つ」「後ろで打つ」といったミートポイントを意識することでボールとの距離の取りかたがわかる遠近感能力も充実していく。それによって「ボールを迎えにいく」や「引き込む」という感じの動感が発生し，さまざまに変化するバウンドボールに対応できるようになっていく。

ワンバウンドボールに対して予測ができず，焦って前のめりになって打つ学習者や振り遅れて手打ちになる学習者には，ボールの投げ出しかたや方向を変えるなどの工夫をする。たとえば，前方に重心移動がうまくできない学習者に対しては，学習者の背後から投げてみる。背後から投げられたボールは，学習者の前方へワンバウンドするため，ボールを追いかけながら打つことになる。それによって，前方に移動しながらミートポイントを合わせる重心移動を伴った打ちかたの動感が発生してくる。また，バリエーションとして，バレーボールを使用しワンバウンドのラリーなどに発展させていくことで，ネット型のゲームにつなげることができる。

❸ ゆっくり投げられたボールを「打つ」

山なりにゆるく投げられたボールを手で打つ。最初は，近くからトスされたボールを手のひらでしっかりと打つことができる。慣れてくれば，投げる距離を遠くすることやボールのスピードを速くしたりする。さらに，ボールの種類を変えることやバットやラケットなどの用具を用いて打つことができるようにする（図10）。

動感指導のポイント　飛んでくるボールを打つためには，どのようなコースやスピードでボールが飛んでくるのかを感じとる遠近感能力でミートポイントにタイミングを合わせてスイングをコントロールできるコツ身体知を充実させる。はじめは，ミートしやすい近くから

トスされたボールを打つことで，ボールに合わせる距離やタイミングがわかることで予描先読み能力が働きやすくする。さらに，投げる側と打つ側の間で，ボールを投げるタイミングや打つポイントでの掛け声などを共有しながら，少しずつ距離を離しても打てるようにする。飛んでくるボールのコースがわかり，自分のミートポイントにボールを引き込みながらタイミングよくスイングができるようにするには，投げるコースやスピードなど打つ側に合わせた投げかたが投げ手に求められる。

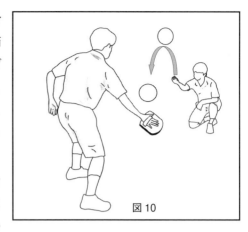

図10

(4) 強さや方向をねらって「打つ」動感指導と動感素材

❶飛距離を目標に「打つ」

目標のラインや的をねらってフルスイングで力強く遠くへ飛ばすように打つ。ティーなどに置いたボールやトスによるボールをフルスイングをして，ミートポイントで力いっぱい打つことできるようにする（図11）。

図11

動感指導のポイント　ミートポイントで力強くスイングするためには，リラックスして構える。準備局面においてテイクバックから力が入りすぎていると，スイングリズムやミートのタイミングが崩れやすくなる。スイングスピードを高めていくには，足のステップから始まり腰の回転，腕の振りなど連動した動きでスムーズにタイミングよく振る動感意識をもたせる。どんなリズムで，どんなタイミングで打てばよいのかがわかるコツを確かめる図式化能力が充実してくることで徐々に遠くに飛ばせるようにしていく。ボールの芯にタイミングよくミートしたときの心地よさや勢いよく飛んだときの「打つ」感じの良し悪しがわかる価値覚能力によって，思い切り「打つ」ためのスイングのコツを再認できる再認化能力が充実するようにする。

❷的当てを目標に「打つ」

　スイングをコントロールしてコートの手前・真ん中・奥や左・右など，ねらった的に打つことができる。的は当たったことがわかるように倒れたり音が鳴ったりする素材や的の大きさなども工夫する（図12）。

図12

動感指導のポイント　力いっぱい遠くに打つだけではなく，打球の飛距離や打つ方向を左右にねらって打ち分けることなど，ミート時の力の入れかたやスイングの方向などをねらいに合わせて打ちかたを変えることができるようにする。それによってミート時にボールがどこにどのように飛ぶのかを感じとる付帯伸長能力が充実するようにする。ミート時に力を入れたり抜いたりすることやミートのタイミングを早めて打ったり，遅らせて打ったりする。また，スイングの軌道を左右に変えて打ったりするなど腕や用具でコントロールするスイングの違いを感じる動感差をもとに動感分化能力を充実させる。遠くに「打つ」ための力の入れかたや右に打つためのスイングの変化のさせかたなど打ち分けることのできるスイングの感じを探索できるような言葉がけや呈示も動感指導のポイントになる。

❸相手とラリーを継続したり，駆け引きしたりして「打つ」

　ワンバウンドのボールでの打ち合いラリーを続けることができる。二人がひもや低めのネットを挟んで向かい合い，ワンバウンドのボールを打ち合ってラリーをする。慣れてくれば，相手の打ちにくい場所をねらってゲーム形式で行う（図13）。

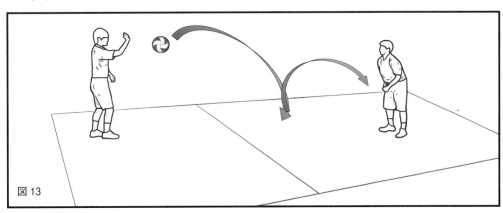
図13

動感指導のポイント はじめは飛んでくるボールのコースやバウンドの状態を読むことのできる予描先読み能力と相手が打ちやすい場所に返球できるようにボールをコントロールして打ち返す付帯伸長能力を充実させる。ボールの種類やコートの広さなどを工夫し，ラリーができるだけ長く続くように条件を整える。安定してラリーが続くようになれば，相手が打ちにくい場所をねらって駆け引きを伴うゲーム形式の「打ち合い」ができるようにする。相手が次にどこに移動するのか相手の位置取りなど情況の変化を先読みできるカン身体知を働かせ，「強く打つ」「弱く打つ」「方向をねらって打つ」などができるようにする。さらに，攻めるための「打つ」や守るための「打つ」を意味する「打ちかた」ができるように動感指導を行う。

また，相手との駆け引きができるルール設定して，相手が取りにくいボールや打ち返しにくいコースをねらって打つことができるようにしていく（図13）。

(5)「打つ」のカン身体知と動感素材

❶バレーボールの「打つ」に繋がる動感素材

①プレルボール（ネット型・基本）

プレルボールは，2チーム（1チーム4人）がバドミントンのダブルスコートで高さ約40cmのネットをはさみ，自陣内で片手および両手でボールをバウンドさせてパスをし，3回目のバウンドパスで相手のコートに打ち返すゲームである。ボールが大きいので，誰もがレベルに応じた試合を楽しむことができる（図14）。

図14

②キャッチバレーボール（ネット型・バレーボール）

キャッチバレーボールは，バレーボールのオーバーハンドパスとアンダーハンドパスをキャッチによって行い，3回目で相手コートに打ち返す。パスやラリーを継続しやすく誰でもが楽しむことができる。はじめは少人数でバドミントンコートを用いて行い，レベルの上達に合わせてバレーボールコ

図15

ートで行う。キャッチできる制限もすべてのプレイでキャッチ可能から始め，レシーブとトスだけ可能，レシーブのみ可能などレベルに合わせて変化させる（図15）。

③ワンバウンドバレーボール（ネット型・バレーボール）

ワンバウンドバレーボールでは，相手のコートから直接飛んできたボールをダイレクトではなく，ワンバウンドしたボールをアンダーハンドやオーバーハンドでパスすることができる。ワンバウンドすることでボールのスピードが落ち，レシーブの場所や準備体勢への時間的な余裕ができ，初心者でもパスやラリーなどのプレイを楽しむことができる。ワンバウンドのプレイの制限も，すべてのプレイで可能から始め，レシーブとトスだけ可能，レシーブのみ可能などレベルに合わせて変化させる（図16）。

図 16

動感指導のポイント　ネット型のボール運動を楽しむには，自陣でのパスをつなぎ相手コートにボールを打ち返すなどのラリーが成立することが必要になる。小学校でのネット型ゲームはラリーがなかなか続かないことから指導が難しいとされている。しかし，このようなゲームでパスやラリーの打ち合う攻防ができるようになると興味関心が高まってくる。そのためにもボールのコースや落下スピードなどボールが飛んでくる状態がわかるカン身体知の先読み能力やどの範囲までのボールならパスできるかの伸長能力を充実させる。

プレルボールやキャッチバレーボールでは，飛んでくるボールに対してどの方向にどれだけ身体を移動させるかを感じとる遠近感能力やボールに正対するために身体の向きやコート内での向きを感じとる定位感能力を充実させるのに適した動感素材である。さらに，ワンバウンドバレーボールなどに発展させていくことで，ボールが飛んでくる方向に先回りして移動することやボールとの距離を感じとり，ボールを受けるためのカンを働かせながら，パスやラリーが続くテンポのよいゲームを楽しめるようになる。ゲームを展開していく中で，いろいろな高さのボールや変則的なバウンドボールを瞬間に判断して片手または両手ではじく，打つなど即興先読み能力のカンが働くようにする。また，次にプレイする人が，打ちやすいようにパスをしたり，確実に相手コートに返球したりするためにどこに打てばよいかなど相手の動きかたや情況をあらかじめ判断できる先読み能力も充実してくる。さらに，相手が取りにくいコースをねらったり空いている空間をねらったりして，より攻撃的な打ち合いの攻防を楽しむために，先読み能力や情況判断能力が充実するように指導をする。

❷ テニス・バドミントン・卓球につながる動感素材

①手のひらテニス（ネット型・テニス，バドミントン，卓球など）

　手のひらで「打つ」テニス形式のゲームを実施する。ネットを低く設定したバドミントンコートを利用し，テニスのルールをベースにゲームを行うことでラケット操作の基本的な動感を発生させていく。手のひらで「打つ」感覚を充実させることは，ボールをコントロールして打つ付帯伸長能力と飛んできたボールに手を合わせる徒手伸長能力を充実させることになる（図17）。

動感指導のポイント　テニスやバドミントンのようにラケットなどの用具で「打つ」ためには，ラケット面が身体の一部として感じとれる付帯伸長能力を充実させる必要がある。そのためにまず手のひらをラケットのように用具として使うことで飛んでくるボールのコースやバウンドの距離を感じる遠近感能力やボールに対し

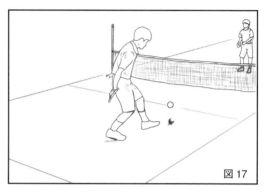

図17

て手のひらの向ける面を感じる定位感能力を充実させておく。手のひらで打つことは，ラケットを操作する難しさがなくボールコントロールも比較的容易になる。ボールがどこから飛んでくるのかの先読み能力やボールをどこに打つのかその感じをボールに伸ばす付帯伸長能力，相手の動きを先読みしながら駆け引きを楽しむカン身体知も充実してくる。このようなゲームを楽しむことで，手のひらで飛んでくるボールに合わせる徒手伸長能力を充実させ，用具の操作やラケット面を身体の一部として感じる付帯伸長能力の発生につながっていく。

②スポンジテニス（ネット型・テニス，バドミントン，卓球など）

　体育館でスポンジボールを使用してテニスを行う（図18）。

動感指導のポイント　ラケットでワンバウンドのボールをラケットで打ち返す。スポンジボールを使用することで球速が緩やかになり，位置移動やラケット操作にゆとりをもって行える。打点位置への移動や準備体勢でテイクバックをするには，コースやバウンドの状態をあらかじめ読むことのできる予描先読み能力のカン身体知を充実させることになる。それによって飛んでくるコースやどこにバウンドするのかを感じとる遠近感能力とボールに対してどのような体勢で構えるのかを感じる定位感能力も充実させる。さらに，ラケット面まで

図18

動感を伸ばす付帯伸長能力とボールを面の中心でとらえることを感じとる〈たった今の感じ〉の直感化能力が充実してくる。柔らかいスポンジボールの特性からボールに対する恐怖心がなく，飛んでくるボールに向かって振りかたがしっかりと上体から腕，用具へと力を伝える伝動化能力も見られるようになる。エリアの広さやネットの高さなど学習者のレベルに合わせ，テニスを楽しめるようにする。

❸野球につながる「打つ」動感素材
①手打ち野球（ベースボール型・野球，ソフトボール）

柔らかいゴムボールなどを使用して手打ち野球を行う（図19）。

図19

動感指導のポイント　手でボールを打つことでどこにどのようなボールを打つのかの動感意識をもってできるようにする。それによって，コースやスピードなどに応じて自分の打つポイントを感じとる遠近感能力と予感化能力が充実してくる。また，ボールに対して直角になるような手のひらの面を向け，ねらった方向に打つために手のひらをどの方向に向けて打てばよいかを感じる定位感能力や打ったボールがねらったところに飛ぶように感じを伸ばす付帯伸長能力も充実してくる。手打ち野球で三振やファウルなどを少なくして，手で「打つ」ことの動感が充実することでバットでのバットコントロールの基礎ができるように指導する。

②ティーボール（ベースボール型・野球，ソフトボール）

ティーの上に置いたボールを「打つ」ことでベースボール型のゲームを行う（図20）。

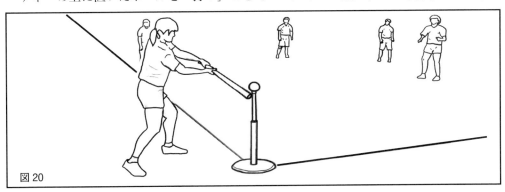
図20

動感指導のポイント　ベースボール型はフェアグラウンドにボールを打つことでゲームが成立する。守備の配置を確認し，どの方向にどのように打つのかのねらいをもって打てるようにする。そのためにテイクバックの準備体勢から足の踏み出す方向や腰のひねりによって上体から腕に力が伝わり，勢いよくバットスイングができる伝動化能力を充実させる。さらに，ミートするまでしっかりとボールを見て，ミートの瞬間に上体がボールと正対してスイングすることを感じる定位感能力を充実させる。さらに，ねらって打つためには，バットを自分の身体の一部として，どの方向にどのように打つのか，打つ感じをバットのミート面まで伸ばしてスイングする付帯伸長能力が充実するように動感指導を行う。ティーボールでのゲームでは，飛んでくるボールのコースやボールスピードなどを先読みしなくても，守備の情況に応じてねらったところにしっかりと打つというバッティングのコツ身体知とカン身体知を働かせるのに適した動感素材になる。ベースボール型では打ったあと一塁に向かって走るという組み合わせの局面があるので，打った後の動きかたにも動感意識をもたせる。発展課題として味方からのトスのボールを打つことで飛んでくるボールとの距離を感じとる遠近感能力やタイミングの取りかたなどの先読み能力も充実させていく。

IV 「受ける」

1.「受ける」の動感構造

　「受ける（捕る）」という動感形態は，ゴール型，ベースボール型，ネット型などの様々なボール運動でのゲームで欠くことのできない運動である。主にゲームのなかでは，「味方からのパス」や「相手からの攻撃」など自分や味方の守備エリアに向かって飛んできたボールを捕球したり，その勢いを止めたりしながらボールをコントロールすることになる。そのためにもいろいろと変化しながら飛んでくるボールを受ける動感化能力を充実させておく必要がある。

　「受ける」という動感形態の動感構造は，ボールを受けること自体でその動きかたが完了するものと「受けながら投げる（蹴る）」といった他の動きかたとの組み合わせの融合局面をもつものとの二つに大きく区別される。受けかたには，手で受けるのか，足で受けるのか，身体で受けるのかによっていろいろな受けかたへと変化する。さらに，その受けかたには片手や両手および片足や両足，胸などでの受けかたがあり，ボールの大きさや形などの違いによって，それに対応した受けかたや受ける体勢などに変化していく。また，競技ルールによっては，サッカーでは手の使用を禁じているため，手を使わないで胸でボールを抱え込むようなトラッピングという受けかたや，バレーボールでは両腕でボールを弾くようにレシーブするという特殊な受けかたになる。

　受けかたの動感指導では，動感意識（どのような動きの感じで受けようとしているのか）の視点から準備局面，主要局面，終末局面といった局面構造を観察することで指導をする。まず，「受ける」ための準備局面では，飛んでくるボールやバウンドするボールの落下地点や到達場所がどこなのか，そこまでの距離を感じとる遠近感能力を基にどんな受けかたをするかの先読み能力が働く。それによって落下地点までどれくらいのスピードで移動すれば受けることができるのかを感じとっている。さらに，落下地点に移動しながら身体をどのような向きにと体勢で受ければよいかを感じる定位感能力と〈流れくる未来の今〉を感じる予感化能力を働かせて受ける準備をする。この準備局面では，落下地点までどのように移動するのか，どのような体勢でボールを受けるかといった選択と決断をする局面でもある。

　また，ボールを受ける準備として，手で受ける場合は膝を軽く曲げて腰を落とし，ボールの落下位置で身体を左右前後に動けるように手の面をボールに正対させて構える。そして，受ける瞬間にボールを身体側に引き寄せ，飛んでくるボールからの衝撃と反発をやわらげる弾性化能力が働くようにする。そのために飛んでくるボールを迎えるように手を少

し前に出して受ける準備をする。どの方向にタイミングを合わせて手を出すかは，飛んでくるボールの方向やスピード，球種などを感じる定位感能力と遠近感能力，〈流れくる未来の今〉を感じる予感化能力に支えられて先読み能力と徒手伸長能力が働くことになる。

　足で受ける場合は，膝を軽く曲げて腰を落とし，飛んでくるボールに合わせて身体を左右前後に動けるようにして，ボールを受ける側の足の面をボールに対して直角に向けて準備する。このときも飛んでくるボールに足を合わせるために〈流れくる未来の今〉を感じる予感化能力を基に，身体を少し前に倒して受けるための先読み能力を働かせて準備する。

　次の主要局面では，ボールを受ける構えの体勢をつくるなかで，受ける手や足の面が飛んでくるボールに対して正しい向きであることを感じる定位感能力，この体勢なら受けることができると〈流れくる未来の今〉の予感化能力で感じ，ボールをしっかりと受け取ったことを〈たった今の感じ〉を残す直感化能力によって感じとる。手で受ける場合は，ボールの飛んでくる情況に応じて片手や両手で受けることになるが，ボールをただ受けるのではなく，受ける瞬間に肘を後方に引くことで衝撃をやわらげる弾性化能力によって，確実に受ける（キャッチ）ことができる。このときには肘の動きだけではなく，身体全体で少し後ろに重心を移動させて衝撃をやわらげる受けかたになる。足で受ける場合も，ボールの情況に応じて受ける瞬間に足や身体の構えからボールの衝撃をやわらげるように足を軽く後ろに引き，ボールをコントロールして受け止めることになる。

　最後の終末局面では，主要局面でボールを確実に受けた（キャッチ）ことを〈たった今の感じ〉の直感化能力で感じとり，バランスの崩れがあると感じた場合には定位感能力によって体勢を整える。特に，この局面で大切なのは，ボールを受ける衝撃を肘の後方への引きと身体全体で後方に重心移動によってやわらげる弾力化能力を働かせることである。この弾力化能力が次の「投げる」や「蹴る」に組み合わせる融合局面で準備局面としての機能をもち，次の動きかたのエネルギーを作り出すことになる。そこでは「受ける」という機能が単独で終わるのでなく，次の情況に応じて目標の方向に身体を向けながら，ボールを「投げる」や「蹴る」ためにテイクバックの機能をもつ準備局面になる。動感意識としては，「ボールを受けながら投げる準備をする」という次の投げかたに対してどこにどのようなボールを投げるか，蹴るかといった情況をあらかじめ読む予描先読み能力が働いている。また，この局面では，今のキャッチがうまくできたかどうか，次の動きかたにスムーズに繋ぐことができたのかを〈たった今の感じ〉を残す直感化能力を基に価値覚能力で評価し，再認化能力によって動きを確認したり修正したりすることになる。

2.「受ける」の動感能力

　「受ける」という動感形態には，手で受けるのか，足で受けるのか，身体で受けるのかによって受けるための準備体勢は異なってくる。ボールをタイミングよく受けるには，時

間化身体知の〈流れくる未来の今〉を感じる予感化能力を基にボールの軌道やスピード，どの場所に飛んでくるのかをあらかじめ読む予描先読み能力と受けることのできる範囲の感じを自分の身体から感じを伸ばす徒手伸長能力が働く。同時にそのようなボールを受けるコツ身体知も働くことで確実に受けることができる。そこにはカンとコツの身体知が表裏一体の関係で働いている。すなわち，ボールの軌道が自分に向かって真っ直ぐに飛んでくるのか，フライで飛んでくるのか，ゴロやワンバンドで飛んでくるのか，そして，どの場所にどのようなスピードで飛んでくるのかなどをカン身体知で情況の判断ができたとしても，そのボールを受けるためのコツ身体知が充実していなければうまく受けることはできない。そのためにも，まずいろいろな球種のボールを受けることのできるコツ身体知を身につけることが基礎的な動感能力になる。

　ボールを「受ける」ための動感能力は，ボールの飛んでくるコースや球種はいつも一定でないことから，ボールの飛んでくる方向や距離，スピードなどを感じとる遠近感能力と〈流れくる未来の今〉を感じる予感化能力を基盤に先読み能力を働かせることになる。さらに，「受ける」から「投げる」や「蹴る」に組み合わせるには，〈今ここ〉でどのような体勢で受けたのかを感じる定位感能力と受けたことを〈たった今の感じ〉の直感で確認し，次にどこに投げる，蹴るのかを〈流れくる未来の今〉を感じる予感化能力と予描先読み能力が働くことで，融合局面がスムーズに行われる。

　ボールゲームでの「受ける」という動感形態には，意味や内容の違いによって大きく二つに分けられる。ひとつは味方からパスされるボールを受ける場合である。それは投げ手の味方を目標にするパスであり，受け手の受ける動感能力に応じて「受けやすさ」という意図をもったボールの軌道やスピードで投げられる。そのためにも受け手は，投げ手がどのようなボールを投げようとしているのかを先読みできるカン身体知とそのボールを確実に「受ける」ことができるコツ身体知が求められる。

　もうひとつは，相手からの攻撃されるボールを受けることである。そこには，飛んでくるボールのスピードの強弱や方向など相手の攻撃のねらいによって，攻撃的な「受けにくさ」といった意図が含まれている。そのため飛んでくるボールに対応して，瞬時に情況を判断し，即座に対応できる偶発先読み能力のカン身体知と瞬時に「そのようなボールを受けることができる」というコツ身体知が同時に求められる。そこでは情況を読むことのできるカンとそのように動くことができるコツの身体知が重層的に表裏一体の構造となってはじめて機能する。

　このようにボールゲームでの「受ける」という動きかたは，得点を目指して複数の味方と協力してパスをしながら相手の防御を外して攻撃を展開するためには欠くことができない。また，相手の攻撃を防ぐためにもどうしても相手側からボールを奪い取ることが求められる。そのボールを奪い取るためには，相手の動きの意図を先読みすることで情況を判断するカン身体知が働き，それによってボールを奪う（受ける）ことが可能になる。相手

ボールを奪うことで，そこから自分たちのボールとして即座に攻撃に転じる起点となっていく。そのためにも情況の変化を判断して先読みできるカン身体知といろいろな球種のボールを「受ける」ことのできるコツ身体知を身につける計画的なトレーニング体系を基に習練することが動感化能力を高めることになる。

「受ける」という動きかたの準備局面では，飛んでくるボールに応じてどのような受けかたをするのかを予測しながらの準備体勢をつくる。そこでは飛んでくるボールのスピードや軌道に合わせて走りながら受けたり，ジャンプして受けたりするために移動する方向や距離，どのような体勢で受けるのかを瞬間的に選択し決断して受けなければならない。そのために飛んでくるボールの方向や落下場所などを感じとる遠近感能力やどのような体勢で受けるのかを感じる定位感能力と〈流れくる未来の今〉感じる予感化能力に支えられた先読み能力によってボールの落下地点に移動して確実に受けることができるようにする。

また，ボールを受けるときには，飛んでくるボールに対しての手の向きや足の向き（足の内側や外側など），身構えたときの身体の向きなどを感じる定位感能力とボールを受けるために準備する〈流れくる未来の今〉を感じる予感化能力が働いている。

さらに，「投げる」や「蹴る」と組み合わせる場合には，ボールを受ける瞬間にうまく受ける（キャッチ）ことができたかどうかを〈たった今の感じ〉の直感化能力で感じとり，次の動きかたへスムーズにつなげるために〈流れくる未来の今〉を感じる予感化能力の時間化身体知が動感意識として働いている。この時間化身体知を基に〈今ここ〉での受けかたの体勢と次の投げかたや蹴りかたの体勢の向きなどを定位感能力で感じとっている。同時に次に投げたり，蹴ったりする方向や距離なども遠近感能力で感じとり，〈流れくる未来の今〉を感じる予感化能力と絡み合うことでスムーズに組み合わせることができる。

ボールを「受ける」ための動感能力は，いろいろな情況のなかで〈今ここ〉の自分の位置を感じる定位感能力とどの方向からどのようなスピードと軌道でボールが飛んで来るのかを瞬時に感じとり，判断する遠近感能力を充実させる繰り返しの習練によっていつでも思うようにできる自在位相まで高めておくことになる。

3. 習練目標としての「受ける」

ボール運動での基本的な受けかたとして，ベースボール型では手でボールを受けるキャッチング，ネット型ではドッチボールの胸で受けるキャッチやバレーボールの上腕でのレシーブと指先でのパス，ゴール型ではサッカーの足と胸，頭でのトラップやバスケットボールでの手でのキャッチなどの受けかたがある。

受けかたには，ボールの大きさや形によって手で受ける場合と足で受ける場合の二つに分類される。そこでは，飛んでくるボールの軌道や方向，スピードに対応するために遠近感能力と予感化能力を基に先読み能力を働かして，確実にボールを受ける動感能力が必要

になる。それは，飛んでくるボールの軌道や方向に合わせてどの場所へ移動するかを感じとる遠近感能力，さらにボールの大きさや形状，スピードの強弱によって身体のどの部分でどのような受けかたをするかを判断し，予感化能力を基に先読み能力を働かせてボールを受けることができるようにすることである。ここではいろいろな基本的な受けかたができるようになれば，次のような受けかたの動感能力を高めることを目標に志向体験をする。

(1) ノーバウンドでの受けかた（胸で受ける・片手や両手で受ける）

ノーバウンドのボールを胸や両手で受けることは，ドッジボールのなかでよく見られる受けかたである。飛んでくるボールに対して身体を正対することで，膝を軽く曲げて腰を落として手は胸の位置で構える。そして，いつどこから飛んでくるのかを感じとる遠近感能力と〈流れくる未来の今〉を感じる予感化能力によって受ける準備をする。ボールを受けるときには，〈流れくる未来の今〉を感じる予感化能力によってタイミングを合わせ，受ける瞬間にボールの勢いを上半身で吸収できるように少し後方に引き込み，衝撃をやわらげる弾性化能力を働かしてキャッチする。

また，ソフトボールでは，ボールの落下地点がどこなのかを感じとる遠近感能力と先読み能力を働かせて移動する。落下地点に入るときに定位感能力によって飛んでくるボールと正対できるように身体を向け，足を前後に開いて膝を軽く曲げ，腰を落として準備体勢を整える。同時に〈流れくる未来の今〉を感じる予感化能力と先読み能力によってボールの落下角度やスピードを予測しながら頭上に片手を挙げて構える。ボールを受ける瞬間には，もう一方の片方の手をそえて肘を軽く引きながら衝撃をやわらげる弾力化能力を働かせて確実にキャッチしたことを〈たった今の感じ〉を感じる直感化能力で確認する。

(2) 転がるボールの受けかた

転がってくるボールの受けかたには，ソフトボールでのゴロ捕球がある。転がってくるボールに対して身体を正対して構えることを感じる定位感能力，どの方向のどれくらい離れ場所から転がってくるのかを感じとる遠近感能力と先読み能力によって判断し，膝をしっかりと曲げて腰を落とし，手のひらをボールに向けて準備体勢を整える。ボールを受けるときには，転がってくるボールをその場で待って受ける場合と前に前進しながら受ける場合がある。どちらの受けかたをするかは，どれくらいのスピードとどのような転がりかたをするかを感じとる遠近感能力と自分の身体から動感を伸ばし受ける範囲を感じとる徒手伸長能力によって先読み能力のカン身体知を働かせて判断する。ボールを受ける瞬間には手を胸側に引き込むようにボールの勢いを身体全体で吸収する弾性化能力を働かしてキャッチができるようにする。

(3) バウンドしたボールの受けかた

バウンドしたボールの受けかたは，バスケットボールやソフトボールのなかで多く見られる。基本的な受けかたとしては，バウンドしたボールに対して身体を正対できる体勢になることを感じる定位感能力，どの地点でバウンドして，どのような高さで跳ね返るのかを感じとる遠近感能力と〈流れくる未来の今〉を感じる予感化能力によって受けかたの先読みをする。ボールのスピードにもよるが，ボールが落下してくる位置との関係で前後左右にどれくらい移動すればよいかを遠近感能力で感じとり，自分が受けることのできる範囲を動感を伸ばして感じとる徒手伸長能力を充実させることになる。

また，バウンドしてボールの上がり際で受けるのか，落ち際で受けるのかは，バウンド地点からの受けるまでの距離が異なってくる。そのために自分のいる地点とバウンド地点の距離を遠近感能力で感じとり，ボールのバウンドスピードによっては自分の動ける範囲を動感を伸ばす事で感じとる徒手伸長能力でどこで受けるかの判断をすることになる。特に，バウンド直後に受ける場合は，膝を曲げて腰をしっかりと落とし，手は「みぞおち」の前で両手を下向きにひらいていることを感じる定位感能力によって準備体勢を整える。ボールを受けるときは，受けるタイミングを合わせるために〈流れくる未来の今〉を感じる予感と〈たった今の感じ〉を残す直感を基に，ボールを受ける瞬間に手を胸の方に引き寄せ，ボールの勢いを吸収する弾性化能力によってキャッチする。

4. 基本的な「受ける」の動感指導の実際

(1) ボールキャッチの動感指導と動感素材

❶ 両手キャッチ

両手でボールを頭上に軽く投げ上げたボールを両手でしっかりと受ける。

動感指導のポイント　はじめに，ボールを自分の顔の前の頭上に真っ直ぐ投げ上げボールがどれくらいで落下するのかを遠近感能力で感じとり，キャッチするタイミングを〈流れくる未来の今〉を感じる予感化能力で受ける準備をする。ボールをキャッチする瞬間の両手の力の入れかたを〈たった今の感じ〉を感じとる直感化能力で確認する。

次に，慣れてくれば投げ上げるボールの高さを変えたりして，遠近感能力によってボールがどれくらいの時間で落ちてくのかを感じとり，受けるタイミングを〈流れくる未来の今〉を感じる予感化能力で準備する。また，連続してボールを投げ上げて受けるときには，ボールの落下場所がいつも同じではない。そのときに落下するボールに範囲を感じとる徒手伸長能力とボールの真下に移動して身体の正面でボールをキャッチできるように身体の向きを感じる定位感能力を充実させる。さらにいつも真上に投げ上げられるようにボールの軌道を的確に投げ上げることの動感を伸ばす付帯伸長能力も充実させる。

❷前後に移動キャッチ

ボールを前上方や後上方に投げ上げ，前後に移動しながらボールを受ける。

動感指導のポイント　前後に投げ上げたボールの高さや方向，落下してくるコースを目線で追いながら落下場所を感じとる遠近感能力によって落下地点に入る。受けるときには，身体が不安定にならないように身体の向きを感じる定位感能力によって素早く体勢を整える。特に，ボールの落下場所を見誤って遅れたり行きすぎたりしても上体を柔く使うことで下半身と連動させて両手をすぐに出し，即座に対応できる即興先読み能力を働かせる。受ける瞬間にバランスを崩してもそれを感じる定位感能力によって，体勢を整えながら両手でしっかりと受けたことを〈たった今の感じ〉直感化能力で感じとる。ボールを少し後方に投げ上げたとき，落下する位置がどれくらい後方なのかを遠近感能力と気配感能力で感じとり，バックしながらどんな体勢で受けるかを〈流れくる未来の今〉を感じる予感化能力と定位感能力で準備体勢をつくる。

❸回転キャッチ

真上に投げ上げたボールを1回転ひねってからキャッチする（図1）。

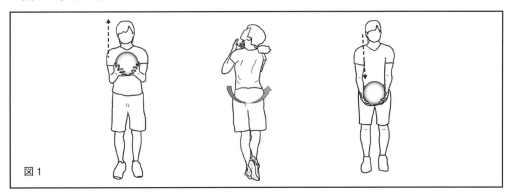

図1

動感指導のポイント　はじめは自分の回りやすい方向に身体を1回転ひねってから投げ上げたボールをキャッチできるようにする。ボールをキャッチするには，自分の身体が1回転して元の場所に戻ることを感じる定位感能力とどれくらいの高さに投げればよいかを感じとる遠近感能力を基に，ボールが落下する間に1回転しながら受ける準備することができる〈流れくる未来の今〉を感じる予感化能力を充実させる。

まず，ボールをどれくらいの高さに投げ上げるかを遠近感能力で感じとり，落下してくるボールの位置を目線で追いながら〈流れくる未来の今〉を感じる予感化能力によって，どの辺りに落下するかを先読み能力のカン身体知で判断する。また，1回転することに動感意識を向けすぎるとボールの落下軌道や位置を判断するカン身体知が働かなくなり，一瞬ボールを見失うことがある。そこでは下半身を安定させ上半身だけで対応できるようにボールの落下場所を即座に判断する即興先読み能力によって素早く手を出してキャッチする。慣れてくれば，ボールを投げ上げるときに投げ上げる空間の場所を確認して，その場

所にボールを投げ上げられるように力を伝える伝動化能力と投げたボールに感じを伸ばす付帯伸長能力で調整し、落下してくるボールの軌道と受ける範囲の場所を感じとる徒手伸長能力も充実してくる。連続して投げ上げてキャッチするためには、膝の弾力化能力と下半身から腕への伝動化能力も充実させる。それによって正確にタイミングよくできる調和化能力も充実してくる。

❹背面トスから前面キャッチ

ボールを背面で持ち、後ろから前上方にボールを投げ上げてから身体の前でキャッチする（図2）。

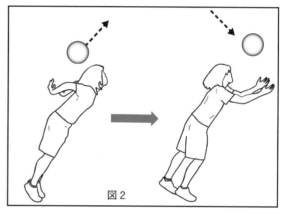

図2

動感指導のポイント ボールを背面から上げるとき、上体を少し前に倒しながら手首のスナップを利用して前上方に投げる。ボールをどれくらいの強さでどの方向に投げれば頭上を越えるかを遠近感能力で感じとり、背面での腕上げと指先でボールの投げ上げ方向を感じとる付帯伸長能力を充実させることでボールをコントロールする。

ボールを受けるときは、ボールが頭上のどの辺りから越えて飛んでくるのかを気配感能力で感じ、ボールが目の前に見えると予描先読み能力によって、見えないときには瞬間的に判断する即興先読み能力を働かして受ける。受けるときに身体の向きがボールに正対しているかを感じる定位感能力とボールの落下に合わせて膝を曲げて受ける弾性化能力を充実させる。

バリエーション

①背面の片手トスから前面で片手キャッチ

動感指導のポイント 背面からの片手トスでは、どの方向にどれくらいの強さで投げ上げれば身体の正面に落下するかを感じながら投げる伝動化能力と付帯伸長能力を充実させる。受けるときにボールが頭上のどの辺りを越えるかを感じる気配感能力とどの辺りに落下してくるのかを予測する予描先読み能力、ボールに対して身体を正対していることを感じる定位感能力を充実させる。

②前からボールを投げ上げ背面でキャッチ

動感指導のポイント ボールを頭上のどの辺りに投げ上げるかの感じをボールに伸ばして投げ上げる付帯伸長能力と投げ上げられたボールの真下を感じとる遠近感能力によって、頭の前屈と上体を前に倒すことで背中すれすれにボールが落下する体勢を感じる定位感能力が

充実する。

　背面キャッチでは，落下するボールが見えないので背中のどの辺に落下するのかの気配感能力で感じとり，背中に手を回してボールの落下する場所を感じとる徒手伸長能力と手を出すタイミングを〈流れくる未来の今〉を感じる予感化能力で準備する。手のひらを上向きにしてボールをキャッチする瞬間を〈たった今の感じ〉の直感化能力で感じることができるようにする。

③前方に歩きながら背面トスから前面キャッチ

動感指導のポイント　背面からのトスの方向と強さを移動スピードに合わせて行うためには，どれくらい前上方に投げればよいかを感じる遠近感能力とその方向に投げ出す感じをボールに伸ばす付帯伸長能力を充実させる。ボールを投げ上げるときには，投げ上げる空間の目標を決めて，どれくらいの強さでどの方向に投げ上げるかを遠近感能力と付帯伸長能力を働かせて投げ上げる。ボールをキャッチするには，ボールの投げ上げられた軌道を予測する予描先読み能力で落下地点に移動し，受ける範囲を感じる徒手伸長能力を働かせてボールをキャッチする。ボールの落下地点の予測が外れたときには，キャッチする手を即座に出せるように即興先読み能力も充実してくる。慣れてくれば，背面片手トスから片手キャッチや走りながらの背面トスも行えるようにする。

(2) 転がる（投げる）ボールのキャッチの動感指導と動感素材

❶ボールをキャッチするタイミングを知る

　転がってくるボールをキャッチするタイミングで手をパチパチと叩く（図3）。

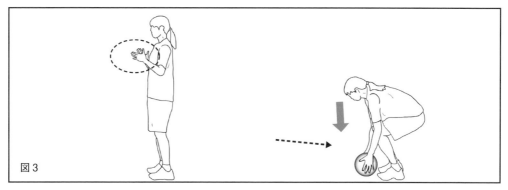

図3

動感指導のポイント　転がってくるボールをタイミングよくキャッチするには，先ず身体の前をボールが通過するタイミングに合わせて手を叩くことからはじめる。それによってどこからボールが転がってくるのか，距離やスピードを感じとる遠近感能力といつ自分のところにくるのかを読む予描先読み能力が充実してくる。このとき転がってくるボールの速さや軌道を目線で追いながらキャッチするタイミングを〈流れくる未来の今〉を感じる予感化能力で予測しながら手を叩くことになる。それによって手を叩くタイミングが早かった遅かったなどを〈たった今の感じ〉を感じる直感化能力によってボールを受けるための準

備体勢と受けるタイミングを掴むことができる。手を叩くタイミングが合ってくれば実際に腰を落としてボールをキャッチする。

❷ ボディタッチキャッチ

ボールを両手で胸の前から頭上に放り投げた後でボールが落下してくる前に身体の部位（頭，肩，膝など）をタッチしてからキャッチする（図4）。

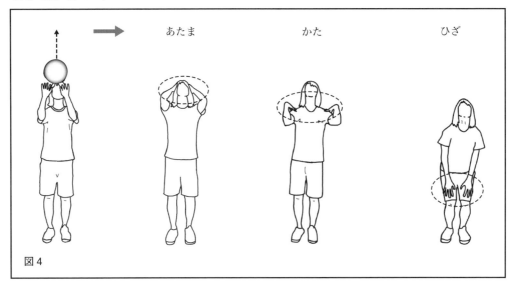

図4

動感指導のポイント　ボールが落下してくる前に身体の部位をタッチしてから手でキャッチするためには，どれくらい高くボールを投げ上げれば落下にどれくらいの時間がかかるのかを遠近感能力でまず感じとっておく。それによってボールを投げ上げてから落下までの時間と身体をタッチしている間にボールがどこに落下してくるのかを〈流れくる未来の今〉を感じる予感化能力で予測する。ボールを受けるときは，手をどこに出せば受けることができるかを先読み能力で読み，ボールに対して身体を正対させる体勢を感じる定位感能力が充実するようにする。

また，身体の好きな部位をタッチしながら胸の前でボールを両手でキャッチすることができれば，複数（2，3カ所）の部位をタッチしてからキャッチにチャレンジすることで意欲的になりコツを掴むための触発化能力が充実してくる。キャッチするタイミングのコツがわかってくるとボールが落下する速度や落下位置を変えたり，ボディタッチのタイミングを遅らせたりして情況の変化に即座に対応できる即興先読み能力などのカン身体知も充実させる。

さらに，両手や片手でキャッチなど一連の動きかたに変化を加えることで，どの範囲のボールならキャッチすることができるかを身体から動感を伸ばして感じとる徒手伸長能力の発生にも繋がってくる。

バリエーション

①ジャンケンキャッチ

1人にボールを1個もち，頭上に放り投げたボールが落下する間に合図のジャンケンを目線で確認し，合図で決められた受けかたをする。合図役のジャンケンによって，グーは胸で受ける，パーはしゃがんで受ける，チョキは1回転して受けるなど受けかたを決めておく（図5）。

動感指導のポイント　合図役が出すジャンケンの合図によってキャッチする方法が異なるため，落下してくるボールの受けかたを瞬間的に判断しキャッチすることになる。そのため投げ上げたボールの高さや落下してくる時間を感じとれる遠近感能力を充実させる。合図役が出したジャンケンの合図でいくつかの受けかたからどの

図5

受けかたにするかを即座に判断できる先読み能力と同時にボールを受ける準備を〈流れる未来の今〉を感じる予感化能力が働によって，それに対応できる体勢とどの位置（上下左右）で受けるかを感じる定位感能力を充実させる。

この一連の受けかたを連続して行うことで，投げ上げる場所が一定になるように投げ上げる感じをボールに伸ばす付帯伸長能力と，どの範囲ならボールを受けることができるかを感じとる徒手伸長能力のカン身体知が充実する。それによって，ボールを確実にキャッチするためのコツを確かめる図式化能力も充実する。

②3人組キャッチ，シンクロキャッチ

3人1組で真ん中のポジションの人は左右の人から交互に出されるパスを向きを変えてキャッチして直ぐにパスを返す。左右から交互に素早く出されるパスをキャッチするためには，相手の位置やボールの速さを確認し，左右に身体を素早く向けてタイミングよく両手キャッチができる体勢をつくる（図6）。

動感指導のポイント　3人1組で真ん中のポジションの人は，左右の人からパスされたボールをキャッチするために，左右の相手に対して正対するのに身体の向きをどれくらい変えれば正対できるかを感じる定位感能力とどれくらい離れた場所にいるのかを感じる遠近感能力を充実させる。左右の相手が交互にパスを出してくることから，ボールの速さとどのタ

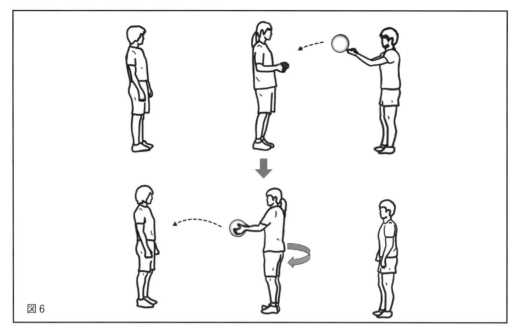

図6

イミングでパスが出されるのかを先読み能力と〈流れくる未来の今〉の予感化能力で感じとってキャッチする。

　左右交互に一連の動きがスムーズに向きを変えながらリズミカルにキャッチとパスができることで調和化能力とテンポアップを目指すことで力の入れかたや抜きかたがリズミカルになるリズム化能力も充実してくる。さらに，パスでは投げる感じを正確にボールに伸ばす付帯伸長能力とキャッチでは身体から受ける範囲の感じを伸ばす徒手伸長能力が充実することでコントロールされたパスとキャッチになっていく。

　慣れてくれば，外側の人が軽く前後左右に移動しながらパスすることで，どの方向からボールが来るのかをあらかじめ読む予描先読み能力のカン身体知も充実していき，ゲームの中でのパスワークにつながっていく（図7）。

図7

(3) いろいろな「キャッチ」の動感指導と動感素材

❶ボールストップキャッチ

落下してくるボールを胸、お尻、足などの部位でキャッチする。落下してくるボールの速さや落下した後のボールのバウンド状態を確認しながら、素早く準備する。胸でトラップする場合には上半身を中心に、お尻や足でトラップする場合には下半身を中心に準備する（図8）。

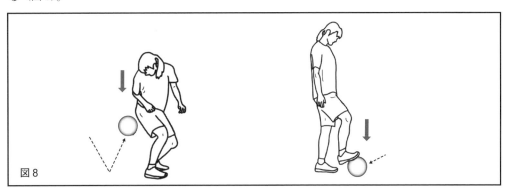

動感指導のポイント　どの方向からボールが落下して、どこでバウンドするのかを遠近感能力で感じとり、ボールに対して身体を正対することを感じる定位感能力が充実することで準備体勢を整える。また、落下後のボールのバウンドの状態を〈流れくる未来の今〉を感じる予感化能力と先を読む予描先読み能力を充実させて感じとる。そして、状況に応じてタイミングよくトラップを行うためには、バウンドに合わせた動きかたでタイミングよく力を入れるリズム化能力も必要となる。この一連の動きかたのタイミングの取りかたがわかるためには、繰り返すことでポイントとなるコツを確認する図式化能力を充実させる。ボールの落下位置を変えることでどの範囲のバウンドであればストップキャッチができるかを身体から伸ばす動感で感じとる徒手伸長能力も充実してくる。

❷手と足でのパスとキャッチ

2人1組で向かい合い、足ではボールをキックとトラップしながら手ではパスとキャッチをする。2個のボールが同時にならないように、パスを出すときはトラップ、パスを受けるときにはキックになるようにして、2人でタイミングを合わせて行う（図9）。

動感指導のポイント　足でボールをトラップとキック、手でパスとキャッチするためには、いつどのタイミングで手でパスをして、足でトラップするか、足でキックして手でキャッチするかを〈流れくる未来の今〉を感じる予感化能力と先読み能力を働かせる。ボールのキャッチやトラップしたことを確実に感じるためには、〈たった今の感じ〉の直感化能力を充実させる必要がある。それによって、手と足で感じる直感と予感の動感意識を瞬間的に入れ替える差異的時間化能力が充実してタイミングよく交互にパスとトラップ、キックと

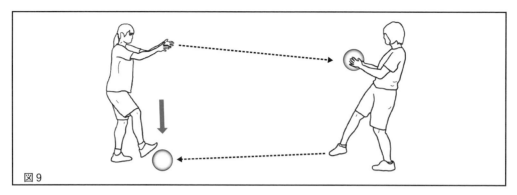

図9

キャッチができる。また，相手との目線，ボールの速さ，ボールの強さ，相手との距離などを感じとる遠近感能力と時間的な先読みによってパスやキックのタイミングがわかるようにする。

さらに，パスとキック，キャッチとトラップの動きかたが同時にならないようにするためには，パスをする動感意識とトラップする動感意識に少し時間的なずれを作り出すことでリズミカルに連続するリズム化能力も充実してくる。そして，相手へ正確にボールをパスしたり，キックしたりするためにボールをコントロールできる付帯伸長能力と，ボールが少し逸れてもキャッチやトラップができる徒手伸長能力も充実してくる。

❸ トンネルスルーキャッチ

2人1組で対面に分かれ，縦に前後で並ぶ。片方から出されたパスを前の人が閉じていた足を開き後ろの人が足でキャッチする。交互に繰り返す。前の人が足を開く前にパスしないようにして，後ろの人がキャッチしやすいようなボールの速さ，強さ，キックの種類を選択し，目線で合図を送りながら行う（図10）。

図10

動感指導のポイント　前の人がブラインドとして壁になるため，後ろの人はどの方向からどのような速さや強さでボールがパスされてくのか予測するのが難しくなる。まずパスを出す相手との位置関係を把握し，キックの種類によってボールの軌道やボールの速さ，強さの

異なることを感じとる遠近感能力と〈流れくる未来の今〉を感じる予感化能力で予測し，パスが来る軌道に正対してキャッチの体勢を感じる定位感能力を充実させる。

この動きを交互に繰り返し行うことで，パスとキャッチを正確に行うコツを確認する図式化能力とキャッチするタイミングがリズミカルに行えるリズム化能力も充実してくる。また，パスを出す人が左右前後に移動することで，パスの出される場所がどの辺りかを読む予描先読み能力とパスのコースに対してどの範囲までならキャッチできるかを感じとる徒手伸長能力のカン身体知も充実してくる。

(4)「キャッチ」のカン身体知と動感素材

❶壁当てキャッチ

片手および両手で壁にボールを当てて，跳ね返ってきたボールをキャッチする。このとき，跳ね返ってきたボールの速さやボールの軌道を確認しながら，できるだけ胸の前で両手でキャッチする（図11）。

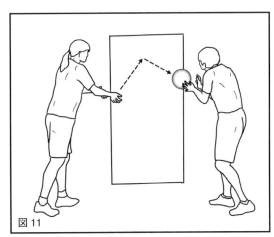

図11

動感指導のポイント　壁から跳ね返ってきたボールを両手でしっかりとキャッチするには，壁からはね返りのボールがどれくらいの速さで，いつ自分の所に飛んでくるのかを遠近感能力と〈流れくる未来の今〉の予感化能力で感じとり，ボールに正対してキャッチする体勢を感じる定位感能力を充実させる。

できるだけ胸の前で両手で確実にキャッチするには，跳ね返ってくるボールの速さや強さ，方向などに対してボールの軌道の変化を予測してキャッチの準備体勢に入る予描先読み能力が大切になる。また，キャッチするときにタイミングよく手の力の入れかたどうかを〈たった今の感じ〉の直感化能力の充実によって，キャッチするタイミングやそのコツを確認する図式化能力も充実してくる。さらに，ボールの投げかたの種類を変化させることで不規則な跳ね返りに対してどの範囲であればキャッチできるかの感じを伸ばす徒手伸長能力も充実し，跳ね返りの情況に応じていつでもボールをキャッチできるコツに裏づけられたカン身体知が充実してくる。

❷ランダムキャッチ

3人以上で1人がボールを他の人にランダムにボールを投げる。投げられた人はボールを片手および両手でキャッチして投げた人に返球する。このとき，投げられたボールの速さ，強さ，方向などを確認しながら素早くキャッチする（図12）。

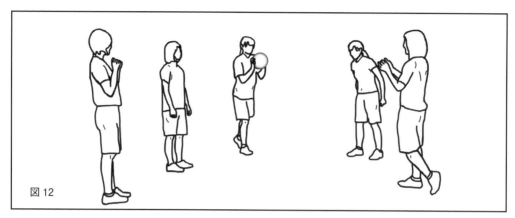

図12

動感指導のポイント　ランダムに投げられたボールをキャッチして投げた人に返球するには，自分に投げられたと感じた瞬間に投げる人との距離を感じとる遠近感能力によってボールがどれくらいで飛んでくるのかを〈流れくる未来の今〉の予感化能力で感じると同時にボールに正対して構えることのできる定位感能力を充実させるようにする。

　次に，ボールの速さ，強さ，方向を目線で確認しながら，ボールの軌道（高さ）を予感化能力によって先読みができる予描先読み能力が充実させる。投げる人がフェイントをかけて受ける人を急に変えたり，ボールの数を増したりすることで，いつどこからボールが飛んでくるのかをわからなくする。それによって，投げられたボールに即座に対応する偶発先読み能力や投げられたボールに対してどの範囲であればキャッチすることができるかを感じとる徒手伸長能力のカン身体知も充実してくる，キャッチしたボールをスムーズに投げ返す動きにつなげるには，リズム化能力や調和化能力を充実させる。

❸ コールキャッチ

　4人以上でゼッケンを着けてランダムに円陣を作る。パスを出す人はゼッケン番号を呼んでからボールをパスする。番号を呼ばれた人は手を上げてボールをキャッチする。番号を順番に呼んだり，ランダムに呼んだりしてパスとキャッチをくり返す。同じようにボールを足でパスをして，足でトラップする（図13）。

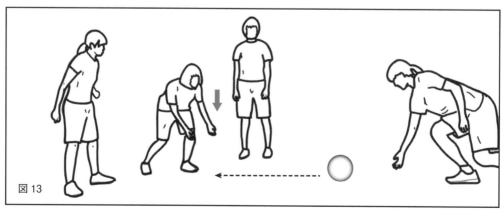

図13

動感指導のポイント　番号を順番にコールしながらパスを出す場合は，自分の順番がいつなのか，どこからパスが来るのかを先読みしながらコールされると手を上げて片手および両手でボールをキャッチする。確実にキャッチするには投げる人と受ける人との位置関係がわかり，どの方向に身体を向ければボールに正対してキャッチする体勢になれるかを感じる定位感能力，距離やボールの速さ，軌道などを遠近感能力と〈流れくる未来の今〉の予感化能力とで感じとり，キャッチするタイミングを予測する予描先読み能力を充実させる。

　慣れてくれば，番号をランダムにコールとパスを同時に行う。自分の番号がコールされると同時にボールがパスされているので，ボールをキャッチする準備を瞬間にすることになる。そのためにボールの速さ，強さ，方向を目線で即座に判断する偶発先読み能力が充実してくる。さらに，円陣ではなく自由に全員が散らばって，ボールに向かって走りながら行うことで，情況を判断するカン身体知として，パスされたボールがどの範囲であればキャッチできるかの感じを伸ばす徒手伸長能力やボールをパスする人がパスしやすい場所はどこかなど先読み能力や全員の次の動きかたの情況などがわかるシンボル化能力の発生にも繋がってくる。

第3部

寄稿論文
ラグビーのパスプレイを考える
－話しかける，その声を聞く－

1. はじめに

　集団スポーツを教えるのは難しい。とりわけバスケットボールやサッカーなどのゴール型競技はそうであろう。経験者ばかりの部活動ならまだしも個々の運動能力に差がある体育の授業では，チームプレイができるようになるまでを教えるのは至難の業である。身体能力に長けた経験者がドリブルで切り込んでシュートを量産し，初心者および運動が苦手な人はグラウンド（あるいはコート）の端っこで時が過ぎるのを待つという光景は，珍しいことではない。なかなかボールが回ってこない児童や生徒はどう動けばよいのかがわからない。あるいは教える立場の教師はそんな彼らにどのように指導すればよいかわからない。児童や生徒，教師ともども悩ましい。

　この事態を避けるにはプレイヤー同士の連携を密にしていくしかない。いわゆるチームプレイだ。ゴール型競技におけるチームプレイを高めるにはどうするべきか。より具体的に言うとチーム全員が満遍なくボールに触れるためにはどうすべきなのか。これはいわずもがな「パスを繋ぐこと」である。

　パスはすべてのゴール型競技に共通する技術で，攻撃側はいくつかのパスをつなぎながらゴールを目指す。ボールを操作する身体の部位が異なる（たとえばバスケットボールなら腕で，サッカーなら脚になる），あるいはドリブルという制約が課せられるなど，種目ごとに細かな違いはあるけれど，おおよそゴール型競技にパスプレイは欠かせない。

　ここではゴール型競技においてチームプレイを高めるための基礎となるパスについて考

察をしてみたい。私の専門種目であるラグビーを題材に,「地平分析」という手法を用いてパスの本質に迫ってみたいと思う。

考察を始める前に,ラグビーにおけるパスの特徴について書いておくことにしよう。

ラグビーが他のゴール型競技と比較して大きく異なるのは,前方へのパスが禁じられていることである。ボール保持者は真横か後ろにいる味方選手にしかパスができない。トライを奪う（得点を得る）ためには,相手陣地の奥深くまでボールを運ばなければならない,前進しなければならないにもかかわらず,真横もしくは後方にいる味方選手へのパスしか許されていない。

前進するためには後退を余儀なくされるというこの矛盾をラグビーは抱えている。

さらに他種目と大きく異なる点は,身体接触が公に認められていることである。ここがバスケットボールやサッカーとは異なる。相手ディフェンダーの標的となるボール保持者は,もしもパスのタイミングを誤ってタックルされればそれ相応の痛みが伴う。ともすれば怪我をするかもしれない。こうした恐れがボール保持者の胸中につきまとう。

真横か後ろにいる味方選手は前進を試みるボール保持者の視界に入らない。こうした味方選手に,タックルの標的になるという恐れを抱きながらパスを繋ぐにはどうすればよいか。また,パスの受け手であるフォロワーは,いかような働きかけが必要となるのだろうか。ボール保持者,フォロワーそれぞれの立場から,パスを繋ぐために必要な所作や動感感覚を探ってみよう。

2. 知覚されるグラウンド

パスの考察に入る前に,まずは試合中のプレイヤーがどのように「グラウンド」をとらえているのかについてみていこう。

グラウンドそのものは俯瞰的視座から見下ろす限りにおいては均質的な空間である。縦100メートル,横70メートルの,ほぼサッカーと同じ広さの空間に30人の選手が攻防を繰り返している,と認識する。いわばこれは観客など傍観者の立場からとらえた「対象としてのグラウンド」だ。

だがプレイヤーからすれば必ずしもそうではない。たとえば大勢の観客が詰めかける試合などでそれなりの緊張感が伴う試合だとすると,平常心を保つ努力をしなければ意識はどうしても内向きになる。うまくパフォーマンスできるかどうかの心配や不安は身体を硬直させる。視野が狭くなって仲間からの声に気がつかず,なかには頭の中が真っ白になる人もいよう。そんなプレイヤーはグラウンドの中に一人ぽつんと佇んでいるような孤独感を味わい,実際の広さよりもグラウンドは広く大きく感じられたりする。

この逆もまた然りで,適度な高揚感を保ちながら平常心で臨むことができたときは,視界が広がり実際の広さより狭く感じられたりする。冷静沈着なだけに周囲の情況をよく把

握し，そこでプレイするイメージが明確に想像できるだけに，眼前に広がる空間の隅々にまで意識が行き渡るのである。つまり選手にとってのグラウンドとは，決して「対象として」認識されるものではない。緊張や不安などの心的状態，身体のコンディション，チームメイトや指導者との関係性など，そこでしか感じられないものを受信しており，感じるもの，〈知覚〉するものとして現前している。

〈知覚〉の性質について，竹田青嗣は実に明快な言葉で説明している。「わたしたちが〈知覚〉と呼ぶ意識表象には，他のものとは決定的に違う性質がある。それは〈想起〉，〈記憶〉，〈想像〉などが，ほぼ意識の志向力によってそれを遠ざけたり，呼び寄せたりできるのに対して，〈知覚〉だけは，つねに意識の自由にならないものとして現れるという点である。つまり意識表象の兄弟たちの中で，〈知覚〉だけは，意識の志向性という親の言うことを聞かないわがまま息子なのだ[1]」。数ある意識表象の中で〈想起〉や〈記憶〉や〈想像〉などは制御できるが，〈知覚〉はそれが叶わない。なにを視覚に入れ，どの音を聴き，どのにおいを嗅ぐかを意識的にコントロールすることができず，意識の志向性が働かないのが〈知覚〉である。

グラウンドに立つ選手は無意識的にさまざまな「情報」を受信している。歓声，風向き，芝生の引っ掛かり，勝利への重圧，監督やコーチからの助言，チームメイトおよび対戦相手の表情など挙げていけばきりがないが，俯瞰的視座からは想像も及ばないたくさんの「情報」を受け取っている。と同時に，幾つかの「情報」は受信されずに，この身体をただ通過してゆく。相手からの重圧にとらわれて味方からの声が聞こえない，ミスを悔やむ気持ちにとらわれて自分に向かってくるボールを感知できない（つまりパスを受け損なう）など，その時々の状況や心理状態によって取り逃がすこともある。

グラウンドに立つ選手は「どれを受信して，どれを受信しないか」を意識的に取捨選択することが困難である。情報の取捨選択は主観的には「ほぼ自動的」に行われるからである。〈知覚〉が「意識の志向性という親の言うことを聞かないわがまま息子」であるという竹田氏が示す意味はそういうことである。

次に，グラウンドを〈知覚〉している選手は，グラウンドそのものからいかにして影響を受けているのかについて考えてみよう。それにはメルロ＝ポンティの卓抜な比喩が参考になる。『フットボールのグラウンドは，走りまわっている競技者にとっては「対象」ではない，つまり無限に多様なパースペクティヴをひきおこしながら，パースペクティヴが変わっても等価のままでいられるような理念的目標ではない。そのグラウンドはさまざまの力線（「タッチライン」や「ペナルティ・エァリア」をかぎる線）によってたどられ，またある種の行為を促す諸区画（たとえば敵同士の間の「間隙」）に分節されて，競技者の知らぬ間に彼の行為を発動し，支えるのである。グラウンドは彼に与えられているのではなく，彼の実践的志向の内在的目標として現前しているのである。競技者はグラウンドと一

---

[1] 竹田青嗣『現象学入門』NHKブックス 1985年 55頁

体となり，たとえば「目標」の方向を，自分自身の身体の垂直や水平と同じくらい直接に感ずる。……競技者の試みる駆引がそのつどグラウンドの様相を変え，そこに新しい力線を引き，そして今度は行為が，ふたたび現象野を変容させながら，そこに繰りひろげられ，実現されるわけなのである[2]。』

　ここでたとえられているのはフットボール，つまりサッカーであるが，そのままラグビーに置き換えてもなんら差し支えない。試合中のラグビープレイヤーが主観的に感じている感覚について，ここまで見事に表現した文章を私は寡聞にして知らない。この記述を具体的にみていこう。グラウンドにはさまざまなラインが引かれている。たとえば「タッチライン」は，そこを割れば敵ボールになるという境界を示している。したがってボール保持者はなるべくラインを割らないようにプレイしなければならない。だからライン際でボールを持っているときには常にその存在が気にかかり，知らず知らずのうちに走るコースやパスの方向を工夫するなど，ラインを割らないように努めている。グラウンド中央部分でプレイするときと比べて，ライン際にいれば自ずと緊張感は高まる。グラウンドの中央と端では空間そのものに明らかな濃淡が生じている。

　ちなみに私の経験則では，タッチライン際では「まるで壁がせり出してくるかのような重圧」を感じる。グラウンド中央にいるときと比べて，いくらか呼吸が浅くなるような，そんな体感もある。ゴールラインは，まさに得点になるかどうかの瀬戸際を示す境界線である。このラインを背にして防御するときはトライを取られまいとして緊迫感が高まるし，逆に敵陣深くに攻め込みあと一歩でラインを越えられる地点での攻撃では，否応無しに力みが生じる。ピンチのときは背後がまるで崖であるかのような切迫感が伴い，チャンスのときはトライが目前に迫って昂ぶってくる。

　アタック，ディフェンスいずれにしてもゴールライン付近でのプレイには緊張感がつきまとう。こうした身体感覚は長らく練習や試合を積み重ねるうちにいつのまにか身についてゆく。だからラインが引かれたグラウンドを均質な空間だと感じることは，ラグビープレイヤーにとっては不可能なのである。さらに「敵同士の間の間隙」についてだが，これはディフェンスの陣形を意味すると考えられる。敵一人一人のあいだにどのくらいの間隙があるか，どのくらい距離が離れているかで，攻撃側は攻め方を変える。いうまでもないことだが，敵にタックルされず前進するためにはこの間隙をつくことが必要だ。

　この隙間をラグビーでは「スペース」，「ギャップ」と呼ぶ。攻撃側から見て横方向つまり水平方向の間隙が前者，前後つまり奥行きの間隙が後者である。攻撃が連続するとディフェンスの陣形は千変万化する。スペースやギャップが生まれては消え，消えては生まれるわけだが，うまくその変化を見定めて，間隙が生じた瞬間にタイミングよく走りこむことで前進を図ることができる。つまりトライに近づく。複数のディフェンダーがこちらの行く手を阻む様はまさに生き物のようであり，その様態がこちらの「行為を発動し，支え

---

[2] M・メルロ＝ポンティ『行動の構造（下）』みすず書房 2014 年 73 頁

る」のである。

　最後に，プレイ中の選手は攻撃方向を見失うことはまずありえない。間違えて自陣に向けて走り出すことは心身が未発達な園児や児童でもない限りありえない。タックルされてまさに地面に倒れつつある瞬間においても，選手は攻めるべき方向がわかっている。だからこそオフロードパス[3]が成立するわけで，体勢が崩されてもどちらが前方でどちらが後方なのかを直観している。

　ここまでをまとめると，選手が知覚するグラウンドとは均質な空間ではなく，それどころか場所によっては濃淡があり，肌感覚も異なる。ボールを持って走る，あるいはキックやパスなどのプレイで仕掛けるたびにその様相が変化し，そのたびに眼前には新しい局面が生まれる。グラウンド上の時空は，その瞬間には動き出しのきっかけであるが，動いたことで新たなる時空が生まれ，それがまた次の動き出しへのきっかけになるという連続性がここにはある。メルロ＝ポンティがいう「実戦的志向の内在的目標」とはまさにこのことであり，「競技者はグラウンドと一体化」しているのである。これはラグビーだけに限らず，ゴール型競技すべてに当てはまると考えられる。

3．ラグビーにおけるパスプレイの特徴

　プレイヤーの主観的な体感を明らかにしたところで，いよいよパスについて考察しよう。

　はじめに，でも書いたが，ラグビーのパスには他のゴール型競技と異なる大きな特徴がある。それは前方に投げてはいけないという「スローフォワード」があることだ。このルールがプレイヤーに強いる身体動作および動感感覚には独特のものがある。

　前進を図る必要があるにもかかわらずパスは真横か後ろにしかできない。この制約が選手にもたらす体感は「味方プレイヤーを視認することが困難」だということである。たしかに首を左右に傾ければ味方を目で確認することはできるが，もしそうすれば瞬間的に相手ディフェンスが視界の外に消える。となれば，時とともに消えては生まれ，生まれては消える相手ディフェンスの隙間，つまりスペースとギャップを見過ごすことになりかねない。めくるめく変化する状況から目を逸らせてしまえば有効な攻撃はできないし，それだけでなくこちらの顔の向きでパスのコースとタイミングが相手に読まれてしまうため，場合によっては防御側を有利に導くことにもなる。

　ボール保持者は視認できない味方選手にパスを放らなければならない。いってしまえばラグビーにおける全てのパスは「ノールックパス」になる。と断言しておいてすぐにそれを撤回するのは申し訳ないのだが，より正確にいうとそうではない。実際の試合では味方

---

[3] 相手にタックルされながら行うパスのこと。ラグビーでは地面に倒れるとボールを離さなければならないが，完全に倒される前ならパスをしても構わず，たとえ倒されてもワンプレイなら許されている。背後にいるため視認することができないフォロワーへのパスなので，よほど息を合わさないかぎりつなげるのは難しい。

プレイヤーを視認する場面が散見される。ノールックになる，というのはあくまでも机上で理論を辿って導き出した結論に過ぎず，スローフォワードルールがプレイヤーにノールックパスを強いるというのは，あくまでも「原則的に」ということだ。ミスなくスムーズにパスを繋ぐにはやはり視認は欠かせない。

　ラグビー選手はパスをする際にはきちんと相手を「目で見ている」。だが，このときの目での確認の仕方については一考の余地がある。ラグビープレイヤーは味方プレイヤーを「目で見て」パスを放るのだが，なにもその一人だけを凝視しているわけではない。パスの宛先である味方プレイヤーを視界の中心に置きつつも，その端で相手ディフェンスの人数やポジションを確認している。いわゆる「周辺視」だ。たとえば相手ゴールラインに向かって右側にいる味方プレイヤーにパスを放ろうとしている情況だと，視界の右端で味方を，左端で相手ディフェンダーを「ぼんやり」ととらえている。

　ちなみにここで強調しておきたいのは，味方プレイヤーと相手ディフェンダーそれぞれへの意識の配分は，決して均等ではない点だ。その大半は明らかに左側，つまり相手に向けられる。必然的にそうなる。なぜならボール保持者はタックルの標的になるからである。タックルされたときの痛みと，ともすれば怪我をするかもしれないという恐れが無意識的にそうさせる。「タックルの宛先である」という自覚は，ある種の恐怖心を生み出す。だから自ずと意識は相手ディフェンダー，つまり前方に向けられる，すなわち〈知覚〉するのである。

　次に，恒常的に恐怖心を覚えるボール保持者が，相手ディフェンダーを翻弄するような効果的なパスをいかにして繋ぐことができるのか，それを考えてみよう。まずすべきことは，今，この身を取り巻く情況を実際と寸分違わずに把握することである。少なくとも相手ディフェンダーの人数と陣形，自分をフォローする味方プレイヤーの人数とその位置は把握しておかなければならない。

　パスを放るその瞬間の情況そのものを把握するのに視認だけでは不十分である。敵味方が入り乱れるグラウンドの諸事象を的確にとらえるには視覚以外の感覚がどうしても必要となる。顔そのものを観察すればわかるように人間の視野は原理的にいえば約百八十度であるため，背後を「見る」ことはできない。自分を中心とする周辺の情況を把握するには五感を張りめぐらせなければならない。

　ラグビーではパスの宛先となる味方プレイヤーはすべて真横か背後にいる。しかもボール保持者の意識は「前方」に向けられる。ラグビーにおいて効果的なパスを放るためには，「背後を見る」というアクロバクティックな動感感覚が求められるのである。参考までに現役時代の私の経験を挙げれば，「背後を見る」という感覚は，「背中でざわめきを察知する」というものであった。スポーツ運動学でいえば「気配感能力」に該当すると思われる。前方からの殺気立った思念に立ち向かいつつ，後方からは温かく頼もしい思念を感じるのが，ボール保持者に特有の身体感覚だ。

気合に満ち満ちた防御側の選手の思念は直線的に突き刺さってくる。また，タックルレンジが広く，包み込むようなディフェンスを得意とする相手の思念にはなんともいえない「磁力」があって，まるで磁石が砂鉄を吸い付けるようにしてタックルの餌食となる。いずれにしても前方からはこちらの身体を蹂躙しようとする暴力的な波動が押し寄せるのである。

背中で感じる味方からの思念もまた十人十色だ。われ先にと突破を図ろうとする血気盛んなプレイヤーからは「オレにボールをよこせ」という強引な思念が送られてくる。この思念を背中に感じれば，そのまま自分で突破すればよかった場面でも，それにつられてパスを出してしまう。また，なかにはたとえ人目につかなくとも自分に与えられた仕事を黙々とこなす物静かなプレイヤーもいて，このタイプは気配の濃度を変化させることができるのか，いつのまにか背後にいる。そして，こちらが仕掛けたプレイに応じて柔軟に対応してくれる。「ふと気がつけばそこにいてくれる感じ」を背中で感知したときの安心感は，いわく表現しがたい。

ラグビーにおけるボール保持者はこれらの思念を〈知覚〉している。前方からの攻撃的な思念と，背後からの守護的な思念を受け取っているのである。

4．「声かけ」から「話しかけ」へと

ボール保持者に求められる動感感覚を明らかにしたところで，次に考察するのはボールをキャッチするフォロワーである。パスが成就する，つまりフォロワーがタイミングよくボールをキャッチするためにはどのようにすればよいのだろうか。結論からいえばそれは「声かけ」に尽くされる。

パスの宛先となるフォロワーは，スローフォワードルールがある以上ボール保持者の背後でパスを待ち受けるしかない。したがってボール保持者に自分がどの位置にいるのかを知らせないことにはなにも始まらない。フォロワーとの距離が近いのか遠いのか，右側にいるのか左側にいるのか，浅いのか深いのか[4]を，言葉で伝える必要がある。すべての指導者がラグビーを始めて間もない初心者に声を出すことを徹底して教えるのは，自らの存在を知らしめる目的の「声かけ」がパスを繋ぐためには必要不可欠だからである。極端に言えば，キャッチの技術を完璧に身につけたとしても適切な「声かけ」ができなければパスはもらえない。ボール保持者に自らの存在を伝えるとともにその位置関係をも明確にする「声かけ」は，ラグビー選手としての基本中の基本である。

だが，この「声かけ」が意外にも難しい。グラウンド上での緊迫した状況でボール保持者の耳に届く「声かけ」には，それなりのコツがいる。ただいたずらに大声を張り上げた

---

[4] ボール保持者からみて真横に近い位置を浅いポジション，そこから後ろに下がれば下がるほど深いポジションとなる。

り，位置情報を淡々と口にするだけではうまくゆかない。

　パスを繋ぐための「声かけ」については竹内敏晴の〈話しかけのレッスン〉が参考になる。簡単に説明すると，四〜五人が床に座り，めいめいの好きな方向を向く。それとは別の一人が，二〜三メートル離れたところからそのうちの一人をめがけて短い言葉で話しかける。聞き手は，自分が「話しかけられた！」と感じれば手を上げるという至ってシンプルなレッスンである。ところが竹内によれば，聞き手が「話しかけられた！」と感じて手を上げたり，思わず後ろを振り返るということは，レッスンの最初の段階ではめったに起こらない。一所懸命に声を出して話しかけているのにうまく届かないことが往々にしてあるのだという。

　なぜ声が届いてこないのかを探るべく聞き手にどのように感じたかを訊ね，返ってきた答えが以下の通りである。「テレビでしゃべっているみたい」「号令かけてるみたい」「隣の人に話しているみたい」「ただ自分でわめいている」「ひとりごとみたい」「声はこっちに来るけど，ずっと手前で落ちてしまった」「頭の上の方で爆発したみたいにひろがった」「みんなに言ってるみたい」「誰にも言ってないみたい」「通りすぎて行った」「背中の後ろまで来たけど，そこで止まって引っ返して行った」など。続いて「話しかけられた！」と感じた人の感想も挙げておく。「あっと思ったらふりむいていた」「背中にどんと来た」「背中がぱっとあったかくなった」など。

　これらを踏まえて竹内は「……声とは，単に空気の粗密波という観念によって表象されるような，抵抗感のないものではないことが実感されてくる。肩にさわった，とか，バシッとぶつかった，とか，近づいてきたけどカーブして逸れていった，というような言い方で表現するほか仕方のないような感じ－すなわち，からだへの触れ方を，声はするのである。声はモノのように重さを持ち，動く軌跡を描いて近づき触れてくる。いやむしろ生きもののように，と言うべきであろうか[5]」と述べている。

　声には明らかに物質性が伴い，それはまるで生きものみたいに動き回る。肩口をすり抜け，はるか頭上を素通りするかと思えば，背中にどんとぶつかることもある。この「声の物質性」を理解するには，たとえば喫茶店やレストランなどの飲食店で店員に呼びかけたときの情況を想像すればよいだろう。注文を伝えるべく幾度となく呼びかけても振り向いてくれないときもあれば，一度ですっと気づいてくれるときもある。このような経験をしたことがある人は多いはずだ。この違いは必ずしも声の音量差だけでは説明がつかない。混雑する店内でこちらを振り向かせるには，店員をめがけて声を投げかけるような，そんな発声の仕方が必要となる。

　また，相手が聞き取る準備ができているかどうかを推測するのもまた大切で，他の客の注文を承っているときにいくら声をかけてもおそらくは届かない。絶妙なタイミングを見計らい，まるで矢を射るかのようにしてそっと声を放つ。無意識的にではあれ，おそらく

5）竹内敏晴『「からだ」と「ことば」のレッスン　自分に気づき・他者に出会う』講談社現代新書 1990 年

ほとんどの人がこんな風に声をかけていると思われる。

　どうにかして声を届けようと試みる。こちらの思惑通りにうまく届くときもあれば届かないときもある。喫茶店やレストランでなくとも，これと似たような経験はおそらくそれぞれにあるはずだ。これらを具に振り返ってみると，実のところ私たちは「まるで生きもののような声」と日常的に付き合っているといえるのではないだろうか。

　当然のようにグラウンドの上でもこれと同じことが起きる。「右！右！」「左，近い！」など，フォロワーがどれだけ大声を出してがなり立てたところでボール保持者に声が届かず，いっこうにパスはもらえないケースが多い。反対に，ある選手の声が自分めがけて一直線に向かってくる，そうボール保持者が感じるときもある。グラウンドの端と端で，物理的な距離が大きく離れていてもその選手の声だけが突き刺さることもある。歓声や両チームのかけ声などあらゆる音声がこだまするグラウンド上では，か細き声ではたしかに届かない。とはいえ，この理由を単なるデシベル数の多寡で片付けることもできない。

　届く声と届かない声，この違いはどこからくるのだろうか。「ことばは，声の一部です。声は，からだの働きの一部です。からだが他人に向かって働きかけているのでなければ，声やことばが，相手を動かすことはありません[6]」という竹内の言葉がこの違いを紐解く鍵になる。この「他人に向かって働きかける」という意味は，「切実に，あの人に」，ということだと解釈できる。

　また竹内は次のようにも述べている。「ただし，「声が来た」のと「話しかけられた」とは必ずしも同じことではない－声が届くことは「話しかけること」が成り立つための必要条件であって十分条件ではない－ことは気づいておく必要がある[7]」。ただ声を出すのではなく，「切実に，あの人」に向かって「話しかける」。大声で定型句を繰り返すだけの声かけでは相手に届かず，パスはもらえない。私の経験則だと，話しかけられた声は耳ではなく体幹部の奥に響くように聞こえてくる。「今，このタイミングでパスが欲しい」という切迫感が，身体を揺さぶるのだ。

　こうした切実さが込められた声はボール保持者とフォロワーのあいだを架橋する。自らの位置情報を伝えるためだけの切実さが伴わない言葉を，ただ機械的に繰り返すだけでは効果はない。ディフェンスの陣形，得点差，風向き，ボール保持者の体勢，自分を含めたフォロワーの人数やその位置関係など，ありとあらゆるファクターを〈知覚〉し，考慮した上での判断が切迫感を生む。「ここしかないというタイミング」をつかむには，それなりにラグビーを熟知せねばならないし，それ相応の経験がいる。そして，たとえつかめたとしても，それを伝えるべく相手に話しかけなければ声は届かない。そうしなければ相手を動かすことができない。つまりパスを放ってはもらえないのである。

---

6) 竹内敏晴『竹内敏晴の「からだと思想」1 主体としての「からだ」』藤原書店 2013 年　250 頁
7) 竹内敏晴　前掲書 1990 年 26 頁

5.「話しかける」ということ

　先に述べた〈話しかけのレッスン〉では，一様に参加者たちは抑揚をつけたり身を乗り出したりと，どうにかして声を届かせようと努めるのだが，竹内によればこうした努力はすればするほどダメになるケースが多いという。自らの内側に意識のベクトルを向けて，ただ自分の気持ちをしゃべるだけでは不十分で，あくまでも相手への行動として働きかけることを強調している。感情を忘れて対象に触れようと心がけること，つまり「どう変わってほしいのかがはっきりしないと相手は変わらない[8]」のだと。竹内は参加者たちには「声で肩を叩くつもりで話せ!」と指導しているという。

　さらに竹内は，「努力すればするほどダメになる」ことへの事例として，「身を乗り出しての声かけ」にはとくに注意が必要だと指摘している。「身を乗り出す」というのは，たとえば7メートルほど離れたところにいるBという人に話しかけるときに，物理的な空間を越えようとしてとる姿勢のことである。声を届かせようとすれば身を乗り出すのは必然的に思えるが，なぜこの姿勢がいけないかの理由がとても興味深い。「……7メートルの距離にいるすべての人に届くこえだから，Bとしては，自分にも話しているが，同列に並んでいる他の人にも話しているという感じがする。自分に，自分だけに話しかけられているとは感じない[9]」。

　7メートルという物理的な距離を越えるために身を乗り出して声を張り上げる。こうした声はたしかに相手に届くけれど，それと同時に周囲にいる人にも同じように聞こえてしまう。聞き手が自分に向かってきたかどうかをためらうときは，往々にしてこの「身を乗り出して」発せられた声を聞いているというのだ。

　続けて竹内は，これとは対照的な声について，「……たとえば道の向こうにいる人に，アブナイ!と叫んだり，昨夜はどうしてこなかったんだよと親しく話しかけるときは，相手との間の距離は消えている。空間はなくなり，ただ向かいあう自と他のみがある。もっと言い切ってしまえば，とけあっている[10]」と述べる。たしかにこの「アブナイ!」という声は聞き手の身体を一瞬にしてすくませるし，「昨夜はどうしてこなかったんだよ」という親しげに話しかけられた一言は聞き手の心を瞬時のうちに忍びない気持ちにさせる。話し手と聞き手がとけあう声は身を乗り出すように出すのではなく，そっと話しかけるのでなければならないのである。

　フォロワーはパスが欲しい。そのためには声をかけなければならない。身振り手振りを駆使し，ボール保持者の視認を促してパスを要求することが困難なラグビーでは，いかに声をかけるかが重要となる。だからといって身を乗り出すのではない。パスがつながる場

---
8) 竹内敏晴　前掲書 2013 年 123 頁
9) 同上書 124 頁
10) 同上書 125 頁

面を明確に描きつつ，声で肩をたたくように話せば，相手との物理的な距離が消失してお互いがとけあう。そのパスは滑らかで美しい。パスをする側も受ける側も，その胸中には言葉を解さずとも通じ合えたよろこびが広がるのだ。

「話しかけるとは，B（のからだ）に話すこと，他のだれでもない，まさにBに話すのだ。そしてBにとっては，まさに，私に，話しかけられているこえを聞くのである。それは名前によって判別したりするのでない，まさに自分のからだをめざし，ふれ，突き刺し，動かしてくる彼のからだを受けるのだ[11]」。

6. おわりに

体育に積極的な子どももいれば消極的な子どももいる。場合によっては運動そのものを毛嫌いしている子どもさえいる。幼児期にあれだけ活発に動き回ったはずなのにいつしか運動が苦手になるのは，生まれ持った性格や向き不向きももちろんあるにせよ，その大半は体育での経験が影響していると私は考えている。

数ある体育教材のうち，ここではゴール型競技を取り上げた。そのなかでも「パス」に絞っての考察を試みた。パスがつながるためにはなにを差し置いてもコミュニケーションが大切である。言葉を通じて，あるいは身体そのものを通じてお互いの交流がなければパスは絶対につながらない。たとえ技術が身についたとしても，いざゲームになれば一向にパスがつながらないのは，体育教員ならばよく目にしているはずだ。そして，この問題を乗り越えるためにはどのように指導すればよいのかに頭を抱えてきたし，今も悩みつづけている人は多いと思われる。

そんな人たちに向けて本稿は書かれている。どこまで参考になるか，この私の拙い考察では甚だ疑問ではあるが，たとえわずかであれ授業づくりの幅を広げるために役立ててもらえればうれしい。誠に勝手な想像で恐縮なのだが，児童や生徒がどのような心境でグラウンドやコートに立っているのかを想像するときに，あるいは児童および生徒同士でのコミュニケーションを活発にするための方法を思案するときなどに，なんらかの参考になるのではないかと密かに期待している。

運動嫌いになる児童や生徒を一人でも少なくすること，これがすべての体育教員の望みであり，使命である。好きにならずともよいから，せめて嫌いにはならないための体育のあり方を考える上での一助となることを，心より願っている。

---

[11] 同上書124頁

〔引用・参考文献〕

1) クルト・マイネル：金子明友訳『スポーツ運動学』大修館書店 1981
2) 金子明友：『わざの伝承』明和出版 2002
3) 金子明友：『身体知の形成（上）』明和出版 2005
4) 金子明友：『身体知の形成（下）』明和出版 2005
5) 金子明友：『身体知の構造』明和出版 2007
6) 金子明友：『スポーツ運動学』明和出版 2009
7) 金子明友：『運動感覚の深層』明和出版 2013
8) 三木四郎：『新しい体育授業の運動学』明和出版 2005
9) 三木四郎：『器械運動の動感指導と運動学』明和出版 2005
10) ヴァイツゼッカー：木村，浜中訳『ゲシュタルトクライス』みすず書房 1975
11) ヴァイツゼッカー：木村 敏訳『生命と主体』人文書院 1996
12) ゲーテ：高橋 前田訳『自然と象徴』富山房百科文集 1984
13) 木村 敏：『生命のかたち／かたちの生命』青土社 2005
14) M・メルロ＝ポンティ：滝浦静雄・木田元訳『行動の構造〈上〉〈下〉』みすず書房 2014
15) 山口一郎：『現象学ことはじめ』日本評論社 2002
16) 竹内敏晴『竹内敏晴の「からだと思想」1 主体としての「からだ」』藤原書店 2013
17) 竹内敏晴『ことばが劈かれるとき』ちくま文庫 1988
18) 竹内敏晴『「からだ」と「ことば」のレッスン』講談社現代新書 1990
19) 木田元 竹内敏晴『待つしかないか。』春風社 2014
20) 竹田青嗣『現象学入門』NHKブックス 1989
21) 田口茂『現象学という思考〈自明なもの〉の知へ』筑摩選書 2014
22) 平尾剛『近くて遠いこの身体』ミシマ社 2014

【編著者】

三木四郎　大阪教育大学 名誉教授，神戸親和女子大学 元学長
　　（担当：第 1 部 I, II, III, IV, V, VI, VII, IX, X）

灘　英世　関西大学 教授
　　（担当：第 1 部 VIII, IX；第 2 部 I, II）

【執筆者】（五十音順）

足立　学　園田学園女子大学 准教授
　　（担当：第 1 部 IX；第 2 部 I, IV）

野口将秀　堺ブレイザーズ スポーツ心理学アドバイザー
　　（担当：第 1 部 IX, 第 2 部 I, II）

平尾　剛　神戸親和女子大学 教授
　　（担当：第 3 部）

間瀬知紀　京都女子大学 教授
　　（担当：第 1 部 IX, 第 2 部 I, II）

三木伸吾　大阪大谷大学 准教授
　　（担当：第 1 部 IX；第 2 部 I, III）

水鳥寿思　慶応義塾大学 准教授
　　（担当：第 1 部 IX, 第 2 部 I, II）

宮内一三　大阪大谷大学 教授
　　（担当：第 1 部 IX, 第 2 部 I, III）

宮内健嗣　桃山学院教育大学 非常勤講師
　　（担当：第 1 部 IX, 第 2 部 I, III）

宮辻和貴　神戸親和女子大学 准教授
　　（担当：第 1 部 IX；第 2 部 I, IV）

ボール運動の運動感覚指導

ⓒ Miki Shirou & Nada Hideyo 2018

初版発行	2018 年 3 月 1 日
三版発行	2023 年 8 月 1 日

編 著 者	三木四郎・灘　英世
発 行 者	和田義智
発 行 所	株式会社 明和出版
	〒174-0064　東京都板橋区中台 3-27-F-709
	電話・FAX　03-5921-0557
	振替　00120-3-25221
	E-Mail : meiwa@zak.att.ne.jp

装　　丁	持丸和夫
印刷・製本	壮光舎印刷株式会社

ISBN978-4-901933-41-4　　　　　　　　Printed in Japan

Ⓡ 本書の全部または一部を無断で複写複製（コピー）することは、著作権法上
　での例外を除き禁じられています。